1-A

학년

한국에서 유일한
중학영문법
알짜 2000제

Iam **books**

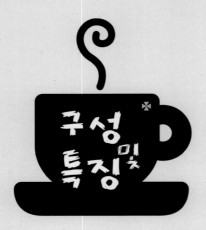

구성 및 특징

1 Grammar Points

사진과 대표 예문만 봐도 쉽게 영문법의 개념을 이해할 수 있는 Visual Approach를 도입하여 문법 설명을 시각화하였습니다. 문법 설명은 머리에 쏙쏙!! 예문과 설명은 한 눈에!! 참신한 예문과 원어민들이 실제로 사용하는 표현을 담았습니다.

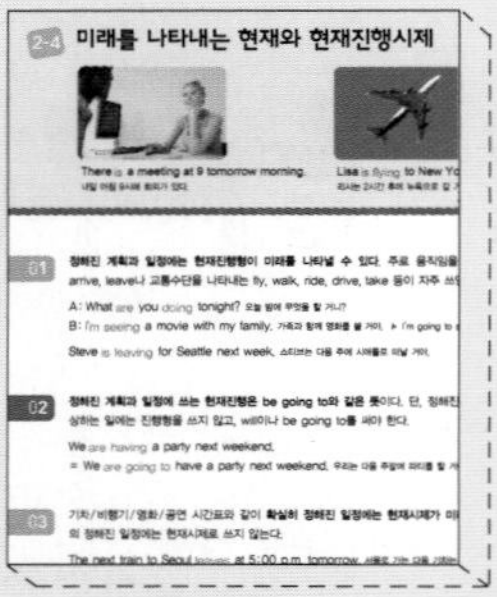
2-4 미래를 나타내는 현재와 현재진행시제

2 서술형 기초다지기

일대일로 대응되는 다양한 문제들을 구성하여 문법 개념을 확실히 이해할 수 있도록 하였습니다. 이를 통해 서술형 문제에 대비할 수 있도록 하였으며 실제 문장 구성 능력을 향상시킬 수 있도록 쓰기 영역을 강화하였습니다. 단순 문법 연습이 아닌 응용 · 심화 과정을 통해 기초 실력 또한 차곡차곡 쌓을 수 있습니다.

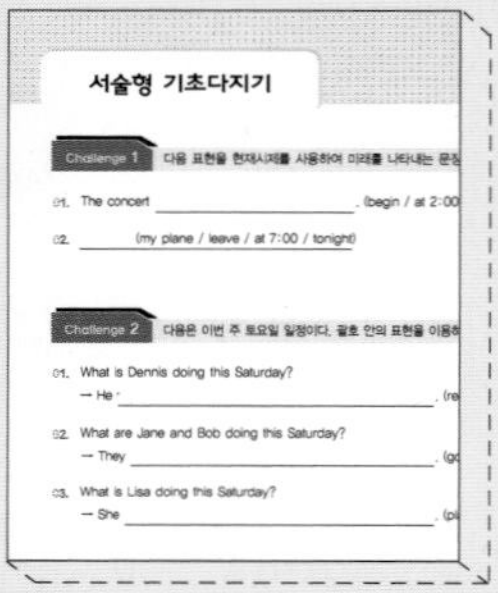
서술형 기초다지기

3 이것이 시험에 출제되는 영문법이다!

어떤 문제가 주로 출제되는지를 미리 아는 사람과 막연히 공부를 열심히 한 사람의 성적은 하늘과 땅 차이! 12년간의 내신 만점신화를 이루어낸 저자의 비밀노트를 통해 내신문제를 출제하는 선생님들의 의도와 출제유형, 주관식과 서술형의 출제경향을 정확히 꿰뚫어 보는 눈을 키울 수 있을 것입니다.

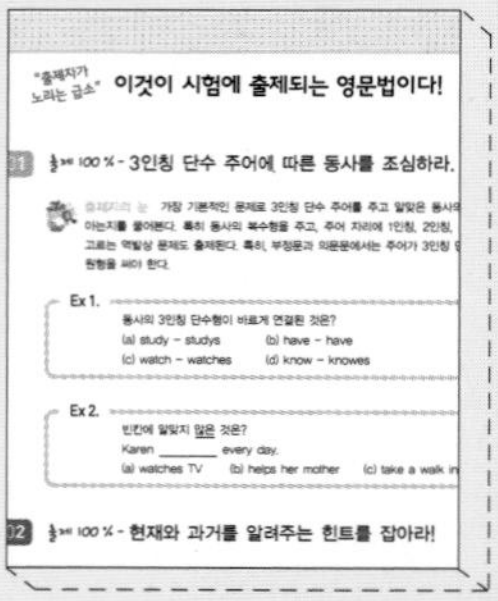
이것이 시험에 출제되는 영문법이다!

4 기출 응용문제

실제 중학교 내신 시험에서 빈출되는 필수 문법문제와 응용문제를 수록하여 각 chapter에서 배운 문법 사항을 다양한 유형의 문제를 통해 확인하고 연습해 볼 수 있도록 구성하였습니다.

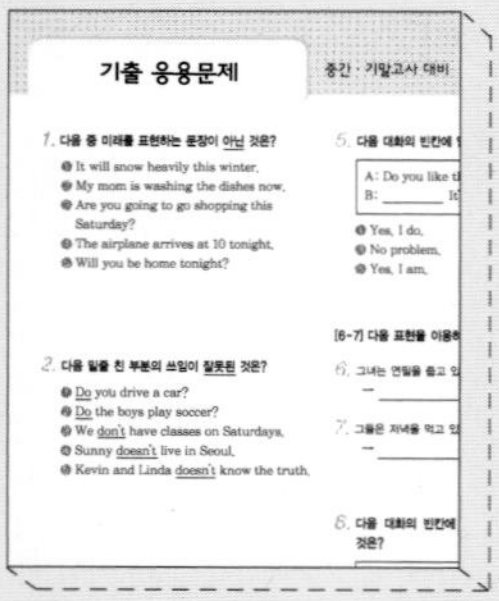
기출 응용문제

5 ※ 오답 노트 만들기

기출 응용문제 중 틀린 문제를 오답 노트에 정리할 수 있도록 구성하였습니다. 틀린 문제의 문법 개념을 다시 확인하고 해당 문제 유형을 다시는 틀리지 않도록 스스로 공부해 볼 수 있는 코너입니다.

6 ※ 중간 · 기말고사 100점 100승

학교 시험에서 자주 나오는 빈출유형을 분석하여 출제 가능성이 가장 높은 문제를 중심으로 수록하였습니다. 간단한 객관식 문제를 비롯하여 대화문과 독해문, 주관식 문제 등 다양한 문제를 풀면서 자신의 실력을 정확하게 진단해 볼 수 있습니다.

7 ※ 평가대비 단답형 주관식

문법 핵심을 파악하고 어법에 맞는 문장을 직접 쓸 수 있도록 구성하여 학교 단답형 주관식 문제에 철저히 대비할 수 있도록 하였습니다.

8 ※ 실전 서술형 평가문제

교육청 출제경향에 맞춘 서술형 평가대비 문제로, 학생들의 사고력과 창의력을 길러줍니다. 해당 chapter에서 출제될 수 있는 서술형 문항을 개발하여 각 학교의 서술형 평가문제에 철저히 대비할 수 있도록 하였습니다. 단순 암기에서 벗어나 직접 써보고 생각해 볼 수 있는 코너입니다.

chapter 3. 대명사

chapter 4. 시제

목차

chapter 7. 의문사

Chapter 1

Be동사

1-1 be동사의 종류 / be동사 + 명사[형용사]

He is a dentist.
그는 치과의사이다.

They are students.
그들은 학생이다.

01 be동사는 '~이다'의 뜻으로, **주어의 성질이나 상태를 나타내는 동사**이다. 주어에 따라 be동사는 am, is, are 로 나뉜다. 주어가 복수(we, they, you, students, boys, apples…)일 때에 **be동사는 are**를 쓴다.

주어		be동사	축약형
단수	I	am	I'm
	You(너)	are	You're
	He / She / It	is	He's / She's / It's
복수	We You(너희들) They	are	We're You're They're

My dad is a doctor. 아빠는 의사이다.

She is a nurse. 그녀는 간호사이다.

They are teachers. 그들은 선생님이다.

We are nurses. 우리들은 간호사이다.

02 「be동사 + 명사」의 경우 be동사는 주어와 be동사 뒤에 오는 명사와 연결시켜주므로 be동사가 단수(am, is)이면 단수 명사를, be동사가 복수(are)이면 복수 명사를 쓴다.

Tom is a soccer player. 톰은 축구선수이다.

Tom and Peter are soccer players. 톰과 피터는 축구선수이다.

03 「**be동사 + 형용사**」는 **주어의 상태 및 성질을 보충 설명**해 주는 역할을 한다. 주어의 단/복수와 관계없이 형용사의 모양은 언제나 똑같다.

Kelly is diligent. 켈리는 부지런하다.

You are tall. 너는 키가 크다.

We are sad. 우리는 슬프다.

They are angry. 그들은 화가 나 있다.

서술형 기초다지기

정답 p. 2

Challenge 1   다음 괄호 안의 be동사들 중에서 알맞은 것을 고르세요.

01. He (am / is / are) a taxi driver.

02. She (am / is / are) a ballerina.

03. They (am / is / are) ants.

04. It (am / is / are) a strawberry.

Challenge 2   다음 빈칸에 알맞은 be동사의 현재형을 쓰세요.

01. I _____ fourteen years old now.   **02.** He _____ hungry.

03. She _____ a police officer.   **04.** We _____ doctors.

05. They _____ happy.   **06.** It _____ a backpack.

Challenge 3   다음 괄호 안의 단어와 be동사를 이용하여 문장을 완성하세요.

01. (the books / very / funny)   →   _____

02. (my mother / a teacher)   →   _____

03. (the house / very / big)   →   _____

04. (it / a comic book)   →   _____

05. (they / smart)   →   _____

1-2 be동사＋장소 / be동사의 부정문

They are at the bus stop.
그들은 버스 정류장에 있다.

She is not a doctor. She is a nurse.
그녀는 의사가 아니다. 그녀는 간호사이다.

01 be동사 뒤에 명사나 형용사가 오면 '~이다'의 뜻이지만, **be동사 뒤에 장소부사가 오면 '~에 있다'**의 뜻이 된다. here(여기에), there(저기에) 등과 자주 쓰인다.

Lucy is here. 루시는 여기에 있다.   Bob is there. 밥은 저기에 있다.

02 **be동사 뒤에 「전치사 + 장소」가 오면 be동사는 '~에 있다'**라는 뜻이 된다. 장소를 나타내는 전치사인 in(~안에), on(~위에), under(~아래), at(~에), behind(~뒤에), next to(~옆에), between(~사이에) 등과 자주 쓰인다.

The book is on the table. 그 책이 테이블 위에 있다.
They are in the library. 그들은 도서관에 있다.
The puppy is between the desks. 그 강아지는 책상 사이에 있다.
The bank is next to the bookstore. 은행은 서점 옆에 있다.

03 be동사의 부정문은 **be동사 바로 뒤에 not을 붙이면 된다.** '~이 아니다, ~에 없다'는 뜻이다.

Dokdo is in Korea. 독도는 한국에 있다.   She is a student. 그녀는 학생이다.
Dokdo is not in Japan. 독도는 일본에 있지 않다.   She is not a teacher. 그녀는 선생님이 아니다.

04 be동사 부정문의 축약형은 주어와 be동사를 줄이거나 be동사와 not을 줄이는 두 가지 형태가 있다. 단, am not은 amn't로 줄여 쓰지 않는다.

be동사 부정문(be + not)	축약형(Contractions)	
I am not	I'm not	I amn't (X)
You are not	You're not	You aren't
He / She / It is not	He's / She's / It's not	He / She / It isn't
We / They are not	We're / They're not	We / They aren't

서술형 기초다지기

정답 p. 2

Challenge 1   전치사 in, on, under, at을 이용하여 다음 질문에 대한 대답을 완성하세요.

01.

A: Where is the man?

B: He _____. (the tree)

02.

A: Where is Steve?

B: He _____. (the hospital)

03.

A: Where are the people?

B: They _____. (the bus stop)

04.

A: Where is the woman?

B: She _____. (the table)

Challenge 2   다음 문장을 두 가지 형태의 부정 축약형으로 완성하세요.

01. She is from Singapore.

→ _____ from Singapore. She's from Canada.

02. They are doctors.

→ _____ doctors. They're English teachers.

03. We are in the park.

→ _____ in the park. We're in the classroom.

04. He is handsome.

→ _____ handsome. He's ugly.

05. You are at the bus stop.

→ _____ at the bus stop. You're at the airport.

1-3 be동사의 의문문(Yes/No 의문문)

Is she a soccer player? 그녀는 축구선수인가요?
- Yes, she is. 네, 그래요.
- No, she isn't. She is a tennis player. 아니오. 그녀는 테니스선수입니다.

01 be동사의 의문문은 **be동사를 문장 맨 앞으로 보내고 물음표**를 써주면 된다. '~이니?, ~이 있니?'라는 의미이다.

They are police officers. 그들은 경찰관이다.
→ Are they police officers? 그들은 경찰관이니?

He is happy. 그는 행복하다.
→ Is he happy? 그는 행복하니?

02 의문문에 대한 대답은 **be동사를 그대로 사용하여 Yes나 No로 대답**하고, **주어는 알맞은 대명사로 바꾸어 대답**한다. 부정의 대답은 축약하지만 긍정의 대답은 축약형을 쓰지 않는다.

의문문 주어	I / we	you	남성 단수 명사 (Kevin 등)	여성 단수 명사 (Sunny 등)	this, that, it	복수 명사(they, children, dogs, students)
대답할 때 주어	you	I / we	he	she	it	they

Is Kevin married? 케빈은 결혼했나요?
- Yes, he is. 네. / No, he isn't. 아니오.

Is this your cell phone? 이것은 네 휴대폰이니?
- Yes, it is. 네. / No, it isn't. 아니오.

Are the children in the library? 그 아이들은 도서관에 있니?
- Yes, they are. 네. / No, they aren't. 아니오.

Are you a dentist? 너는 치과의사니?
- Yes, I am. 네. ※ Yes, I'm. (×)
- No, I'm not. 아니오.

서술형 기초다지기

Challenge 1 다음 문장을 의문문으로 고쳐 다시 써 보세요.

01. You are a lawyer. → _____

02. They are cooks. → _____

03. It is a dictionary. → _____

Challenge 2 다음 A의 빈칸에는 알맞은 be동사를 쓰고 B의 빈칸에는 대답을 완성하세요.

01. A: _____ it an alligator?

 B: Yes, _____.

02. A: _____ they your pencils?

 B: Yes, _____.

03. A: _____ she a taxi driver?

 B: No, _____. She is a doctor.

Challenge 3 다음 문장을 의문문으로 바꾸고 축약형으로 대답하세요.

01. The elephants are small.

 → _____ – No, _____.

02. Your father is a teacher.

 → _____ – Yes, _____.

03. Kevin and Bob are in the classroom.

 → _____ – No, _____.

04. Your sister is a pilot.

 → _____ – Yes, _____.

Chapter 1 – Be동사 · 15

Unit 02 be동사의 과거형

2-1 be동사의 과거형과 부정문

We were beautiful 30 years ago.
우리는 30년 전에 아름다웠다. (과거)

We are old now.
우리는 지금 나이가 들었다. (현재)

01 be동사의 과거는 was와 were만 사용한다. **주어가 한 명[개]인 단수 주어는 was를** 쓰고, **여러 명[개]인 복수 주어에는 were를** 쓴다. '~이었다, ~이 있었다'의 의미이다.

She was sick yesterday. 그녀는 어제 아팠다.

He was a movie star 10 years ago. 그는 10년 전에 영화배우였다.

They were at the party last night. 그들은 어젯밤에 파티에 있었다.

※ 주로 과거를 나타내는 ago, yesterday, last night[year, month, week] 등과 함께 쓰인다.

02 be동사 과거의 부정문은 **be동사 was, were 뒤에 not을** 붙이면 된다. '~이 아니었다, ~이 있지 않았다'의 뜻이다. 주로 wasn't, weren't처럼 축약형으로 쓴다.

주어	be동사 과거형	be동사 과거 부정형
I / he / she / it	was ~	was not (= wasn't) ~
we / you / they	were ~	were not (= weren't) ~

Jessica was not a teacher 10 years ago. 제시카는 10년 전에 선생님이 아니었다.

The movie wasn't interesting. 그 영화는 재미있지 않았다.

They were not at home. 그들은 집에 있지 않았다.

We weren't busy yesterday. 우리는 어제 바쁘지 않았다.

서술형 기초다지기

Challenge 1 — 다음 그림을 보고 빈칸에 was, were, wasn't, weren't 중 알맞은 것을 써 보세요.

01.

Bob _____ in the park yesterday.

He _____ at home.

02.

Peter and Nancy _____ sad yesterday.

They _____ happy.

03.

The children _____ in the classroom yesterday.

They _____ at the birthday party.

Challenge 2 — 다음 우리말과 같은 뜻이 되도록 빈칸에 알맞은 be동사를 쓰세요.

01. 나는 어제 바빴다. 지금은 한가하다.

→ I _____ busy yesterday. I _____ free now.

02. Lisa는 오늘 여기에 있지만 어제는 여기에 있지 않았다.

→ Lisa _____ here today, but she _____ here yesterday.

03. 피터는 2년 전에는 중학생이었지만 지금은 고등학생이다.

→ Peter _____ a middle school student two years ago, but he _____ a high school student now.

04. 내 친구들은 지금 공항에 있지만 어제는 공항에 있지 않았다.

→ My friends _____ at the airport now, but they _____ at the airport yesterday.

2-2 be동사 과거형의 의문문

A: Was Andy Warhol a singer?
앤디 워홀은 가수였니?

B: No, he wasn't. He was a famous artist.
아니, 그는 유명한 화가였어.

---

01 be동사 과거형의 의문문은 **be동사의 과거형인 was나 were를 문장 맨 앞으로 보내고 물음표를 써주면 된다.**

Mozart was a musician. 모차르트는 음악가였다.
→ Was Mozart a musician? 모차르트는 음악가였나요?

Tiffany was in Paris last week. 티파니는 지난주에 파리에 있었다.
→ Was Tiffany in Paris last week? 티파니는 지난주에 파리에 있었니?

02 의문문에 대한 대답은 현재형과 똑같이 be동사를 그대로 사용하여 Yes나 No로 대답하고, 주어도 알맞은 대명사로 바꾼다. 짧게 Yes로 답할 경우에는 주어와 be동사를 줄여서 답하지 않는다.

Q: Was your brother a pilot? 네 형은 파일럿이었니?
A: Yes, he was. 응, 그랬어. ▶ 긍정일 때: 「Yes, 주어 + be동사」

Q: Was your brother a pilot? 네 형은 파일럿이었니?
A: No, he wasn't. 아니, 그렇지 않았어. ▶ 부정일 때: 「No, 주어 + be동사 + not」

Were they fire fighters? 그들은 소방관이었니?
– Yes, they were. 응, 그랬어.

Were you an elementary school student last year? 너는 작년에 초등학생이었니?
– No, I wasn't. 아니, 그렇지 않았어.

Was Karen ugly then? 캐런은 그때 못생겼었니?
– Yes, she was. 응, 그랬어.

서술형 기초다지기

Challenge 1   다음 질문에 알맞은 대답을 쓰세요.

01. A: Was Jason sad yesterday?

B: Yes, _____.

02. A: Were they at the park yesterday?

B: No, _____. They were at home.

03. A: Was it your digital camera?

B: Yes, _____.

04. A: Was she tired last night?

B: Yes, _____.

Challenge 2   다음 괄호 안의 단어를 이용하여 의문문과 그에 대한 대답을 완성하세요.

01. (you / at home / yesterday)

A: _____

B: No, _____.

02. (she / nervous / on the first day of class)

A: _____

B: Yes, _____.

03. (the girls / at the library / last night)

A: _____

B: No, _____.

04. (you and your family / in London / last year)

A: _____

B: Yes, _____.

01 출제 100% - be동사 am, is, are를 구별하는 것은 기본이다.

 출제자의 눈 주어에 따라 알맞은 be동사를 쓸 줄 아는지를 묻는 문제가 가장 기본이다. 알맞은 be동사를 빈칸에 넣는 문제나 잘못 쓰인 be동사를 고르라는 문제가 출제된다. be동사는 다음에 명사/형용사가 올 경우에 '~이다'의 뜻이지만 전치사/부사가 올 경우에는 '~이 있다'는 의미임을 알고 있는지 묻는 문제도 출제된다.

Ex 1.

밑줄 친 부분 중 쓰임이 잘못된 것은?

(a) <u>Are</u> you busy?　　　　　　(b) He <u>is</u> a student.

(c) <u>Is</u> Kate a nurse?　　　　　(d) They <u>are</u> teachers.

(e) Jane <u>are</u> a nurse.

Ex 2.

밑줄 친 be동사의 뜻이 나머지와 다른 것은?

(a) You <u>are</u> a nice guy.　　　　(b) He <u>is</u> Jina's brother.

(c) The car <u>is</u> in the parking lot.　(d) I <u>am</u> a middle school student.

02 출제 100% - be동사의 부정문은 be동사 뒤에 not을 붙인다.

 출제자의 눈 be동사의 부정문은 현재든, 과거든 be동사 바로 뒤에 not을 붙인다. 우리말 뜻을 주거나 부정문으로 바꾸라는 지시를 주고 빈칸을 완성하는 문제가 출제된다.

Ex 3.

다음 문장을 부정문으로 바꿀 때, 빈칸에 들어갈 한 단어를 쓰시오.

They are middle school students.

→ They _____ middle school students.

Ex 4.

다음 문장을 우리말과 뜻이 같도록 바꿔 쓰시오.

Mozart was a painter.

→ _____ (Mozart는 화가가 아니었다.)

03 출제 100% - be동사의 시제를 알려 주는 단서를 찾아라.

 출제자의 눈 문장에 ago, yesterday, last year, last week, last month 등과 같은 단서들이 있으면 be동사는 과거형을 써야 한다. 우리말을 보고 be동사의 시제를 현재 또는 과거로 구별해서 부분 영작하는 문제도 출제된다.

Ex 5.

Lora _____ at the concert with her friends last night.
(a) is (b) are (c) were (d) was

Ex 6.

I _____ very busy yesterday, but I _____ free now.
(a) am − am (b) is − are (c) am − was (d) was − am

04 출제 100% - be동사의 의문문에서도 명사의 단/복수가 중요하다.

 출제자의 눈 be동사가 쓰인 의문문에 답할 줄 아는지를 묻는 문제가 주로 빈칸 채우기나 틀린 곳을 고치라는 형태로 출제된다. 나머지 넷과 다른 be동사를 고르라는 문제, 또는 뒤에 오는 명사의 단/복수에 따라 be동사의 단수(is) 또는 복수(are)를 적절하게 쓸 줄 아는지 묻는 문제가 출제된다. 예를 들어, She is doctors.에서 is가 단수이므로 doctors를 a doctor로 고쳐야 한다.

Ex 7.

밑줄 친 우리말을 바르게 영작한 것은?
A: Are these roses?
B: 네, 맞아요. And those are tulips.
(a) Yes, we are. (b) Yes, it is.
(c) Yes, they are. (d) No, they aren't.

Ex 8.

다음 중 어법상 틀린 문장을 고르시오.
(a) Is this a monkey? (b) China isn't cities. It is a country.
(c) I'm not Spanish. I'm Italian. (d) The students aren't in the classroom.

[1-2] 다음 빈칸에 들어갈 말이 나머지 넷과 <u>다른</u> 것은?

1. ❶ Your feet _____ dirty.
   ❷ They _____ kind doctors.
   ❸ You _____ Korean.
   ❹ Bob and his brother _____ in the library.
   ❺ Mr. Steve _____ my English teacher.

2. ❶ My mom _____ at the park now.
   ❷ My uncle _____ a pilot.
   ❸ Tom and I _____ in the movie theater.
   ❹ My puppy _____ very cute.
   ❺ He _____ a computer programmer.

3. 다음 대화의 빈칸에 들어갈 말로 알맞은 것은?

   A: Mom, this is Mr. Kim. _____ my
      English teacher.
   B: Nice to meet you, Mr. Kim.

   ❶ It is   ❷ He is
   ❸ She is   ❹ You are
   ❺ They are

4. 다음 밑줄 친 부분을 축약하여 쓸 수 <u>없는</u> 것은?

   ❶ I <u>am not</u> a student.
   ❷ <u>They are</u> roommates.
   ❸ <u>We are</u> high school students.
   ❹ <u>It is</u> on the third floor.
   ❺ <u>She is</u> from London.

5. 다음 짝지어진 대화가 <u>어색한</u> 것은?

   ❶ A: Is this your cell phone?
      B: No, it's Mina's.
   ❷ A: Is she a famous musician?
      B: Yes, she is.
   ❸ A: Are they at the museum?
      B: No, it isn't.
   ❹ A: Is Miss Kim good at playing the piano?
      B: No, she isn't.
   ❺ A: Is baseball popular in Korea?
      B: Yes, it is.

[6-7] 다음 대화의 빈칸에 들어갈 알맞은 말을 고르시오.

6.
   A: Are you from Canada?
   B: _____ I'm from Thailand.

   ❶ Yes, I am.   ❷ No, I'm not.
   ❸ Yes, he is.   ❹ No, he isn't.
   ❺ Yes, we are.

7.
   A: Is this your MP3 player?
   B: Yes, _____.

   ❶ it's mine   ❷ it's yours
   ❸ they're mine   ❹ she is
   ❺ he isn't

8. 다음 밑줄 친 be동사의 의미가 나머지 넷과 <u>다른</u> 하나는?

   ❶ Mike <u>is</u> not a soccer player.
   ❷ Those <u>are</u> cookies.
   ❸ These novels <u>are</u> boring.
   ❹ <u>Were</u> you and Sunny at the party yesterday?
   ❺ <u>Are</u> these babies healthy?

오답 노트 만들기

★틀린 문제 : _____   ★다시 공부한 날 : _____

(1) 문제를 왜? 틀렸는지 곰곰이 생각하고 그 이유를 적어본다.

(2) 핵심 개념을 적는다.

(3) 자신이 몰랐던 단어와 숙어 표현이 있으면 정리한다.

(4) 해설집에서 필요한 부분을 골라 풀이 해법을 정리한다.

★틀린 문제 : _____   ★다시 공부한 날 : _____

(1) 문제를 왜? 틀렸는지 곰곰이 생각하고 그 이유를 적어본다.

(2) 핵심 개념을 적는다.

(3) 자신이 몰랐던 단어와 숙어 표현이 있으면 정리한다.

(4) 해설집에서 필요한 부분을 골라 풀이 해법을 정리한다.

★틀린 문제 : _____   ★다시 공부한 날 : _____

(1) 문제를 왜? 틀렸는지 곰곰이 생각하고 그 이유를 적어본다.

(2) 핵심 개념을 적는다.

(3) 자신이 몰랐던 단어와 숙어 표현이 있으면 정리한다.

(4) 해설집에서 필요한 부분을 골라 풀이 해법을 정리한다.

★틀린 문제 : _____   ★다시 공부한 날 : _____

(1) 문제를 왜? 틀렸는지 곰곰이 생각하고 그 이유를 적어본다.

(2) 핵심 개념을 적는다.

(3) 자신이 몰랐던 단어와 숙어 표현이 있으면 정리한다.

(4) 해설집에서 필요한 부분을 골라 풀이 해법을 정리한다.

1. 다음 중 대화가 자연스러운 것은?

❶ A: Is she pretty?
　 B: Yes, it is.
❷ A: Is Mr. Brown a lawyer?
　 B: Yes, she is.
❸ A: Are they apples?
　 B: No, they are.
❹ A: Was your brother a soldier?
　 B: No, he wasn't.
❺ A: Was Jennifer in Seoul last year?
　 B: Yes, she is.

오답노트

2. 다음 문장에서 not이 들어갈 위치로 알맞은 곳은?

Jennifer (❶) and Kathy (❷) were (❸) in (❹) Japan (❺) in 2009.

오답노트

[3-5] 다음 빈칸에 들어갈 알맞은 단어를 골라 쓰시오.

am　　　is　　　are

3. This ＿＿＿＿＿＿ a new cell phone.

4. ＿＿＿＿＿＿ I late?

5. Kelly's shoes ＿＿＿＿＿＿ dirty.

오답노트

6. 다음 질문에 대한 대답으로 적절한 것은?

Was Peter at the library yesterday?

❶ Yes, he is.　　　❷ No, she isn't.
❸ Yes, you were.　　❹ No, he wasn't.
❺ No, I was.

오답노트

7. 다음 밑줄 친 부분의 의미가 나머지 넷과 <u>다른</u> 것을 고르시오.

❶ Nancy <u>was</u> very happy.
❷ The house <u>was</u> on the hill.
❸ <u>Are</u> they middle school students?
❹ The movie star <u>is</u> very famous.
❺ <u>Is</u> this comic book interesting?

오답노트

8. 다음 빈칸에 들어갈 말로 알맞지 <u>않은</u> 것은?

She was late for the meeting ＿＿＿＿.

❶ yesterday　　　❷ today
❸ last night　　　❹ tomorrow
❺ this morning.

오답노트

9. 다음 중 빈칸에 들어갈 수 <u>없는</u> 것은?

> _____ is a very famous actor.

❶ My brother Jason ❷ He
❸ They ❹ Minsu
❺ Her brother

오답노트

10. 다음 빈칸에 들어갈 알맞은 문장을 고르시오.

> A: _____
> B: Yes, she is.

❶ Is she a police officer?
❷ Is he a teacher?
❸ Are they police officers?
❹ Was she a nurse?
❺ Is this your book?

오답노트

[11-13] 다음 질문에 대한 알맞은 대답을 쓰시오.

11. A: Is she a make-up artist?
   B: Yes, _____.

12. A: Were they really happy?
   B: No, _____.

13. A: Is your cell phone on the table?
   B: Yes, _____.

오답노트

14. 다음 빈칸에 들어갈 알맞은 be동사를 쓰시오.

> A: Where _____ you yesterday?
> B: I _____ at home.

오답노트

15. 밑줄 친 부분의 우리말과 뜻이 같도록 영작하시오.

> A: Was Marilyn Monroe a painter?
> B: No, 마릴린 먼로는 화가가 아니었어. She was a famous actress.
> = _____

오답노트

16. 다음 질문에 대한 대답으로 알맞은 것은?

> A: Were they in Haeundae last Saturday?
> B: _____

❶ Yes, they was.
❷ Yes, they weren't.
❸ No, they weren't.
❹ No, they were.
❺ No, they wasn't.

오답노트

17. 다음 빈칸에 들어갈 알맞은 be동사는?

> · Lisa and Susan _____ at the museum yesterday.
> · Today, they _____ at the bookstore.

❶ was – was
❷ were – was
❸ are – were
❹ was – were
❺ were – are

18. 다음 대화의 빈칸에 들어갈 말로 알맞은 것은?

> A: _____
> B: No, we aren't. We're classmates.

❶ Are those your books?
❷ Are you and Kevin brothers?
❸ Are you Kevin's teacher?
❹ Are Bob and Steve kind?
❺ Are Amy and I in the same class?

[19-20] 다음 빈칸에 알맞은 말을 쓰시오.

19. 너는 그의 여동생이니?

→ _____ _____ his sister?

20. 그녀가 그들의 영어 선생님이니?

→ _____ _____ their English teacher?

[21-22] 다음 대화의 빈칸을 완성하시오.

21.
> A: Are the cars slow?
> B: _____, they _____.
>   They are very fast.

22.
> A: Is his T-shirt clean?
> B: _____, it _____. It's dirty.

23. ❶~❺의 밑줄 친 부분 중 어법상 어색한 것은?

> My father ❶ is a lawyer. He is very busy every day. My mother ❷ is a housewife. She is very diligent. So, my house ❸ is always clean. But my brother and I ❹ is very lazy. We are often late for school in the morning. We ❺ are not good students.

24. 다음 문장을 의문문과 부정문으로 고쳐 쓰시오.

> He is an actor.
> → (의문문) _____
> → (부정문) _____

A. 주어진 정보에 맞게 빈칸을 완성하시오.

> · Name : Lucy
> · Age : 30
> · Country : Canada
> · Job : make-up artist

1. Lucy _____ a doctor. She _____ a make-up artist.

2. Lucy _____ from Thailand. She _____ from Canada.

3. She _____ 29 last year, so she _____ 30 years old now.

B. 〈보기〉와 같이 대답문을 완성하시오.

> **보기**
> A: Is it a digital camera?
> B: No, *it isn't*. *It is a cell phone*. (cell phone)

1. A: Is Peter a lawyer?

  B: No, _____. _____. (dentist)

2. A: Are Scott and Tom from Canada?

  B: No, _____. _____. (England)

C. 우리말과 뜻이 같도록 주어진 단어와 be동사를 사용하여 문장을 완성하시오.

1. 그는 아주 똑똑하다. (very smart / he)

  = _____

2. 나는 어제 민수네 집에 있었다. (I / yesterday / at Minsu's house)

  = _____

3. Brian은 작년에 이탈리아에 있었다. (Brian / last year / in Italy)

  = _____

실전 서술형 평가문제

출제의도 be동사의 긍정문과 부정문
평가내용 사진을 보고 be동사를 이용하여 문장 완성하기

A. 〈보기〉와 같이 대명사 주어로 시작하는 부정문과 긍정문을 각각 하나씩 완성하시오.

[서술형 유형 : 6점 / 난이도 : 중하]

| 보기 | 
 teacher (×) / student (○) | *They aren't(=They're not) teachers.*
 They are students. |

1.

   _____

   _____

   pilot (×) / police officer (○)

2.

   _____

   _____

   doctor (×) / nurse (○)

3.

   _____

   _____

   lawyer (×) / teacher (○)

평가영역	채 점 기 준	배 점
유창성(Fluency) & 정확성(Accuracy)	올바른 표현과 함께 정확하게 완성한 경우 (문법, 철자가 모두 정확한 경우)	3 x 2 = 6점
	대명사, be동사, 관사를 바르게 사용하지 못한 경우	문항당 1점씩 감점
	내용과 전혀 일치하지 않거나 답을 기재하지 못한 경우	0점

중학교 1학년 영문법

1-A

한국에서 유일한

중학영문법

알짜 2000제

단어장

I am books

과학적 암기 비법인 쪽지 접기 메모리를 활용하세요.

(반드시 읽고 단어 암기장을 활용하세요!)

① 단어와 한글 뜻을 보면서 단어를 암기합니다.

② 맨 왼쪽 ①번을 접어서 영단어가 보이지 않게 합니다. 세 번째 칸의 한글 뜻을 보면서 영어 단어를 다시 쓰되, 이번에는 맨 밑에서부터 반대로 적어 올라갑니다.

③ 다시 ②번 선을 접어 한글 뜻 부분을 안보이게 합니다.

④ 자신이 적은 영단어 뜻을 보면서 마지막 칸에 다시 한글 뜻을 적는데, 이번에는 중간부터 아래 위로 하나씩 올라갔다 내려갔다 하면서 써봅니다. (또는 한글만 보고 소리내어 영단어를 말하면서 최종 확인을 합니다.)

⑤ 어휘를 암기한 후, 원어민이 녹음한 MP3 파일을 들으면서 빈칸에 영단어 또는 숙어 표현을 적고, 자신이 받아 적은 단어의 뜻을 다시 한글로 적어 봅니다.

(MP3 파일 다운 : www.iambooks.co.kr)

①
단어 암기 후 이 부분을 접어
한글만 보고 다시 영어로 쓰세요.

Chapter 01 시제

001	take place	발생하다, 열리다		
002	study	ⓥ 공부하다		
003	live	ⓥ 살다		
004	teach	ⓥ 가르치다		
005	speak	ⓥ 말하다		
006	work	ⓝ 직장, 회사		

② 다시 이 부분을 접고
자신이 적은 영단어를 보고 아래서부터
위로 한글 뜻을 써보세요.

001	dentist	ⓝ 치과의사		
002	nurse	ⓝ 간호사		
003	diligent	ⓐ 부지런한, 근면한		
004	sad	ⓐ 슬픈		
005	ballerina	ⓝ 발레리나		
006	police officer	ⓝ 경찰관		
007	bus stop	버스 정류장		
008	puppy	ⓝ 강아지		
009	next to	~옆에		
010	hospital	ⓝ 병원		
011	classroom	ⓝ 교실		
012	ugly	ⓐ 못생긴, 추한		
013	airport	ⓝ 공항		
014	be[get] married	결혼하다		
015	dictionary	ⓝ 사전		
016	alligator	ⓝ 악어		
017	pilot	ⓝ 조종사, 파일럿		
018	movie star	영화배우		
019	interesting	ⓐ 재미있는, 흥미로운		
020	birthday party	생일파티		
021	busy	ⓐ 바쁜		
022	veterinarian	ⓝ 수의사		
023	artist	화가, 예술가		
024	musician	ⓝ 음악가		
025	fire fighter	소방수, 소방관		

녹음된 문장을 듣고 빈칸에 단어 또는 표현을 쓰고, 그 뜻도 써보세요.

001 He is a _____.   뜻 _____

002 She is a _____.   뜻 _____

003 Kelly is _____.   뜻 _____

004 We are _____.   뜻 _____

005 She is a _____.   뜻 _____

006 She is a _____ _____.   뜻 _____

007 They are at the _____ _____.   뜻 _____

008 The _____ is between the desks.   뜻 _____

009 The bank is _____ _____ the bookstore.   뜻 _____

010 He is in the _____.   뜻 _____

011 We aren't in the park. We're in the _____.   뜻 _____

012 He isn't handsome. He is _____.   뜻 _____

013 You aren't at the bus stop. You're at the _____.   뜻 _____

014 Is Kevin _____?   뜻 _____

015 It is a _____.   뜻 _____

016 Is it an _____?   뜻 _____

017 Is your sister a _____?   뜻 _____

018 He was a _____ _____ 10 years ago.   뜻 _____

019 The movie wasn't _____.   뜻 _____

020 They were at the birthday _____.   뜻 _____

021 I was _____ yesterday. I am free now.   뜻 _____

022 Her father was a dentist. Her mother is a _____.   뜻 _____

023 He was a famous _____.   뜻 _____

024 Was Mozart a _____?   뜻 _____

025 Were they _____ _____?   뜻 _____

026	yesterday	ⓐ 어제(는)		
027	tired	ⓐ 피곤한, 싫증난		
028	nervous	ⓐ 불안한, 신경질의		
029	library	ⓝ 도서관		
030	parking lot	주차장		
031	painter	ⓝ 화가		
032	country	ⓝ 나라, 국가, 시골		
033	feet	ⓝ 발 (foot의 복수)		
034	movie theater	극장		
035	cute	ⓐ 귀여운		
036	floor	ⓝ 층, 바닥		
037	famous	ⓐ 유명한		
038	museum	ⓝ 박물관		
039	popular	ⓐ 인기 있는, 대중적인		
040	novel	ⓝ 소설		
041	healthy	ⓐ 건강한		
042	soldier	ⓝ 군인		
043	cell phone	휴대전화		
044	bookstore	ⓝ 서점		
045	classmate	ⓝ 반 친구, 급우		
046	housewife	ⓝ (전업) 주부		
047	lazy	ⓐ 게으른		
048	late	ⓐ 늦은, 지각한		
049	last year	작년(에)		
050	figure skater	피겨 스케이팅 선수		

녹음된 문장을 듣고 빈칸에 단어 또는 표현을 쓰고, 그 뜻도 써보세요.

026 Were they at the park _____?   뜻 _____

027 Was she _____ last night?   뜻 _____

028 Was she _____ the first day of class?   뜻 _____

029 Were the girls at the _____ last night?   뜻 _____

030 The car is in the _____ _____.   뜻 _____

031 Mozart was not a _____.   뜻 _____

032 China is not a city. It is a _____.   뜻 _____

033 Your _____ are dirty.   뜻 _____

034 Tom and I are in the _____ _____.   뜻 _____

035 My puppy is very _____.   뜻 _____

036 It is on the third _____.   뜻 _____

037 Is she a _____ musician?   뜻 _____

038 Are they at the _____?   뜻 _____

039 Is baseball _____ in Korea?   뜻 _____

040 These _____ are boring.   뜻 _____

041 Are these babies _____?   뜻 _____

042 Was your brother a _____?   뜻 _____

043 This is a new _____ _____.   뜻 _____

044 Today, they are at the _____.   뜻 _____

045 We're _____.   뜻 _____

046 My mother is a _____. She is very diligent.   뜻 _____

047 My brother and I are very _____.   뜻 _____

048 We are often _____ for school in the morning.   뜻 _____

049 Brian was in Italy _____ _____.   뜻 _____

050 Yu-na Kim is a _____ _____.   뜻 _____

001	cat	ⓝ 고양이		
002	family	ⓝ 가족		
003	live in	~에 살다		
004	some	ⓐ 조금, 약간의, 몇몇의		
005	need	ⓥ 필요하다		
006	brother	ⓝ 남자형제, 형, 남동생		
007	children	ⓝ child(아이)의 복수		
008	cute	ⓐ 귀여운		
009	handsome	ⓐ 잘생긴		
010	dirty	ⓐ 더러운		
011	meal	ⓝ 식사		
012	field	ⓝ 들판, 벌판, 경기장		
013	wear	ⓥ 입다, 신다, 끼다		
014	river	ⓝ 강		
015	deer	ⓝ 사슴		
016	visit	ⓥ 방문하다, 찾아가다		
017	drink	ⓥ 마시다		
018	bought	ⓥ buy(사다)의 과거		
019	jeans	ⓝ 청바지		
020	sneakers	ⓝ 운동화		
021	hard	ⓐⓓ 열심히		
022	men's wear	남성복		
023	title	ⓝ 제목		
024	be made of	~로 만들어지다		
025	expensive	ⓐ (값)비싼		

001 I have two _____.   뜻 _____

002 A _____ will visit you tomorrow.   뜻 _____

003 We _____ _____ Korea.   뜻 _____

004 I want _____ milk.   뜻 _____

005 The girls _____ love.   뜻 _____

006 I have a _____.   뜻 _____

007 His _____ are all handsome.   뜻 _____

008 They are _____ babies.   뜻 _____

009 His children are all _____.   뜻 _____

010 Your feet are _____.   뜻 _____

011 I brush my teeth after a _____.   뜻 _____

012 There are two sheep in the _____.   뜻 _____

013 Do you _____ glasses?   뜻 _____

014 There are a lot of fish in the _____.   뜻 _____

015 There are a lot of _____ in the zoo.   뜻 _____

016 A family will _____ you tomorrow.   뜻 _____

017 She _____ four cups of coffee every day.   뜻 _____

018 She _____ a bottle of milk.   뜻 _____

019 I need a new pair of _____.   뜻 _____

020 I bought two pairs of _____ yesterday.   뜻 _____

021 The girl studies very _____.   뜻 _____

022 Which floor is the _____ _____ on?   뜻 _____

023 What is the _____ of the movie?   뜻 _____

024 The legs of the desk _____ _____ _____ wood.   뜻 _____

025 Children's shoes are _____.   뜻 _____

8

026	bicycle	ⓝ 자전거		
027	town	ⓝ 마을, 동네		
028	office	ⓝ 사무실		
029	useful	ⓐ 유용한, 쓸모 있는		
030	city	ⓝ 도시		
031	European	ⓝ 유럽 사람		
032	church	ⓝ 교회		
033	gym	ⓝ 체육관		
034	tail	ⓝ 꼬리		
035	strange	ⓐ 이상한, 낯선		
036	during	ⓟⓡⓔ ~동안에		
037	moon	ⓝ 달		
038	breakfast	ⓝ 아침 식사		
039	planet	ⓝ 행성		
040	run away	도망가다, 달아나다		
041	once a month	한 달에 한 번		
042	garden	ⓝ 정원, 공원, 뜰		
043	post office	우체국		
044	refrigerator	ⓝ 냉장고		
045	pond	ⓝ 연못		
046	zoo	ⓝ 동물원		
047	vase	ⓝ 꽃병		
048	look for	~를 찾다, 구하다		
049	turn off	(전기 등을) 끄다		
050	weather	ⓝ 날씨		

녹음된 문장을 듣고 빈칸에 단어 또는 표현을 쓰고, 그 뜻도 써보세요.

026 Whose _____ is this? 뜻 _____

027 What is the name of this _____? 뜻 _____

028 A woman is coming into the _____. 뜻 _____

029 A cow is a _____ animal. 뜻 _____

030 There is a university in the _____. 뜻 _____

031 Do you see a _____ around here? 뜻 _____

032 I go to _____ on Sundays. 뜻 _____

033 I go to the _____ three times a week. 뜻 _____

034 An alligator has a long _____. 뜻 _____

035 A _____ man came to see you. 뜻 _____

036 A bear sleeps _____ the winter. 뜻 _____

037 The _____ goes around the earth. 뜻 _____

038 Did you have _____? 뜻 _____

039 The earth isn't a star. It is a _____. 뜻 _____

040 A mouse _____ _____. My cat catches the mouse. 뜻 _____

041 She writes to her mother _____ ___ _____. 뜻 _____

042 There isn't a tree in the _____. 뜻 _____

043 Is there a _____ _____ near here? 뜻 _____

044 Are there any apples in the _____? 뜻 _____

045 There is much water in a _____. 뜻 _____

046 How many elephants are there in the _____? 뜻 _____

047 How many roses are there in the _____? 뜻 _____

048 I'm _____ _____ an MP3 player. 뜻 _____

049 _____ _____ the light and close the window. 뜻 _____

050 This is the _____ of Seoul in March. 뜻 _____

001	drum	ⓝ 드럼, 북		
002	comic book	만화책		
003	Japanese	ⓝ 일본어		
004	tennis player	테니스 선수		
005	racquet	ⓝ 라켓		
006	digital camera	디지털 카메라		
007	color	ⓝ 색, 빛깔		
008	laptop	ⓝ 휴대용 컴퓨터		
009	bed	ⓝ 침대		
010	sweater	ⓝ 스웨터		
011	job	ⓝ 일, 직업		
012	ring	ⓝ 반지		
013	schoolbag	ⓝ 책가방		
014	heavy	ⓐ 무거운		
015	sunflower	ⓝ 해바라기		
016	watermelon	ⓝ 수박		
017	motorcycle	ⓝ 오토바이		
018	introduce	ⓥ 소개하다		
019	look at	~을 (쳐다)보다		
020	go on vacation	휴가를 가다		
021	date	ⓝ 날짜		
022	summer	ⓝ 여름		
023	get dark	어두워지다		
024	be proud of	~을 자랑스러워하다		
025	enjoy	ⓥ 즐기다		

녹음된 문장을 듣고 빈칸에 단어 또는 표현을 쓰고, 그 뜻도 써보세요.

001 Nancy plays the _____.   뜻 _____

002 He likes _____ _____.   뜻 _____

003 She teaches the students and me _____.   뜻 _____

004 Laura is a _____ _____.   뜻 _____

005 That is her tennis _____.   뜻 _____

006 This _____ _____ is mine.   뜻 _____

007 Its _____ is yellow.   뜻 _____

008 It is my _____.   뜻 _____

009 This is his _____.   뜻 _____

010 The _____ is hers.   뜻 _____

011 We love our _____.   뜻 _____

012 Your _____ is beautiful.   뜻 _____

013 Is this your _____?   뜻 _____

014 Are those boxes _____?   뜻 _____

015 Those are _____.   뜻 _____

016 These are _____.   뜻 _____

017 Are these _____?   뜻 _____

018 May I _____ myself to you?   뜻 _____

019 He _____ _____ himself in the mirror.   뜻 _____

020 I _____ _____ _____ by myself.   뜻 _____

021 What _____ is it today?   뜻 _____

022 It is _____ now.   뜻 _____

023 It is _____ _____.   뜻 _____

024 You _____ _____ _____ yourself.   뜻 _____

025 My friends _____ themselves during the vacation.   뜻 _____

026	have a good time	즐거운 시간을 보내다		
027	fell off	fall off(떨어지다)의 과거		
028	delicious	ⓐ (아주) 맛있는		
029	bookshelf	ⓝ 책꽂이, 책장		
030	kind	ⓐ 친절한		
031	sweet	ⓐ 달콤한, 단		
032	volunteer	ⓝ 자원 봉사자		
033	take care of	~을 돌보다		
034	uncle	ⓝ 삼촌, 아저씨		
035	a pair of shoes	신발 한 켤레		
036	warm	ⓐ 따뜻한		
037	tail	ⓝ 꼬리		
038	culture	ⓝ 문화		
039	listen to	~를 듣다		
040	half an hour	반시간, 30분		
041	patient	ⓝ 환자		
042	present	ⓝ 선물		
043	magazine	ⓝ 잡지		
044	hill	ⓝ 언덕		
045	smell	ⓥ (어떤) 냄새가 나다		
046	short	ⓐ 키가 작은, 짧은		
047	mirror	ⓝ 거울		
048	design	ⓝ 디자인		
049	trash	ⓝ 쓰레기, 폐물		
050	get married	결혼하다		

녹음된 문장을 듣고 빈칸에 단어 또는 표현을 쓰고, 그 뜻도 써보세요.

026 Jennifer _____ ___ _____ _____ in Mexico.   뜻 _____

027 He _____ _____ his bike, but he didn't hurt himself.   뜻 _____

028 Nancy, this cake is very _____.   뜻 _____

029 This _____ is strong.   뜻 _____

030 They are very _____.   뜻 _____

031 Those are cookies. They are _____.   뜻 _____

032 The _____ felt proud of themselves.   뜻 _____

033 You should _____ _____ ____ yourself.   뜻 _____

034 This is my _____, John.   뜻 _____

035 I want to buy ___ _____ ____ _____.   뜻 _____

036 It is very _____ and clear.   뜻 _____

037 I have a dog. Its _____ is long.   뜻 _____

038 Our _____ is similar to yours.   뜻 _____

039 I often _____ _____ music in my free time.   뜻 _____

040 It takes _____ _____ _____.   뜻 _____

041 The doctor is kind to _____.   뜻 _____

042 Do you have a _____ for your mom and dad?   뜻 _____

043 The _____ are on the table.   뜻 _____

044 Jason's house is on the _____.   뜻 _____

045 Susan's feet _____ very terrible.   뜻 _____

046 My sister is very _____.   뜻 _____

047 She looked at herself in the _____.   뜻 _____

048 She doesn't like its _____.   뜻 _____

049 Who did you pick up the _____ with?   뜻 _____

050 Who told you that Jennifer was going to _____ _____? 뜻 _____

001	breakfast	ⓝ 아침 식사		
002	watch	ⓥ 보다		
003	bank	ⓝ 은행		
004	horror movie	공포영화		
005	stay at	~에 머무르다, 묵다		
006	talk on the phone	전화로 이야기하다		
007	wash the dishes	설거지를 하다		
008	take pictures	사진을 찍다		
009	go to bed	자러 가다, 자다		
010	do the laundry	빨래를 하다		
011	began	ⓥ begin(시작하다)의 과거		
012	get up early	일찍 일어나다		
013	work	ⓥ 작동하다, 움직이다		
014	homework	ⓝ 숙제		
015	jog	ⓥ 조깅하다		
016	these days	요즘(에는)		
017	have a party	파티를 열다, 파티하다		
018	know	ⓥ 알다, 알고 있다		
019	a lot of	많은(=many, much)		
020	take a shower	샤워하다		
021	teeth	ⓝ tooth(이)의 복수		
022	visit	ⓥ 방문하다		
023	three times a day	하루에 3번		
024	boil	ⓥ 끓다		
025	river	ⓝ 강		

001 They eat _____ every morning. 医 _____

002 My dad _____ DVDs. 医 _____

003 Ten years ago, Sunny worked in a _____. 医 _____

004 They watched a _____ _____ yesterday. 医 _____

005 They _____ _____ home yesterday. 医 _____

006 She _____ _____ _____ _____ yesterday. 医 _____

007 My mom _____ _____ _____ yesterday. 医 _____

008 Lisa _____ _____ last weekend. 医 _____

009 I _____ _____ _____ at 10:00 yesterday. 医 _____

010 John _____ _____ _____ yesterday. 医 _____

011 My dad _____ his work last year. 医 _____

012 My dad doesn't _____ _____ _____ on Sunday. 医 _____

013 This MP3 player does't _____. 医 _____

014 I didn't finish my _____. 医 _____

015 Does she _____ every morning? 医 _____

016 Do you learn yoga _____ _____? 医 _____

017 Did she _____ ___ _____ yesterday? 医 _____

018 Do you _____ Jane and Bob very well? 医 _____

019 Does he have ___ _____ ____ books? 医 _____

020 Did she cook dinner? – No, she _____ ___ _____. 医 _____

021 She brushes her _____. 医 _____

022 We _____ Seoul last year. 医 _____

023 I brush my teeth _____ _____ ___ _____. 医 _____

024 Water _____ at 100 degrees Celsius. 医 _____

025 The Nile is the longest _____ in the world. 医 _____

026	tired	ⓐ 피곤한		
027	break out	발발[발생]하다		
028	move	ⓥ 움직이다, 이사하다		
029	discover	ⓥ 발견하다		
030	badminton	ⓝ 배드민턴		
031	draw a picture	그림을 그리다		
032	take off	벗다, 이륙하다		
033	take a walk	산책하다		
034	cheap	ⓐ (값)싼		
035	sell	ⓥ 팔다, 판매하다		
036	plan	ⓝ 계획		
037	leave for	~로 떠나다		
038	train	ⓝ 기차, 열차		
039	go fishing	낚시하러 가다		
040	graduate from	~를 졸업하다		
041	plane	ⓝ 비행기		
042	movie theater	극장, 영화관		
043	basketball	ⓝ 농구		
044	go out	외출하다, 나가다		
045	heavily	ⓐⓓ 심하게, 아주 많이		
046	truth	ⓝ 진실, 사실		
047	pick up	줍다, 들어 올리다		
048	museum	ⓝ 박물관		
049	update	ⓥ 최신의 것으로 (새롭게) 하다		
050	newspaper	ⓝ 신문		

녹음된 문장을 듣고 빈칸에 단어 또는 표현을 쓰고, 그 뜻도 써보세요.

026 I was very _____ last night.   뜻 _____

027 The Korean War _____ _____ in 1950.   뜻 _____

028 Tiffany _____ to Busan a year ago.   뜻 _____

029 Columbus _____ America in 1492.   뜻 _____

030 Kevin played _____ with friends yesterday.   뜻 _____

031 Justin was _____ ___ _____.   뜻 _____

032 She was _____ _____ her socks.   뜻 _____

033 She was _____ ___ _____ in the park.   뜻 _____

034 These shoes are very _____. I will buy them.   뜻 _____

035 Nancy is going to _____ her car.   뜻 _____

036 Do you have any _____ for tonight?   뜻 _____

037 Steve is _____ _____ Seattle next week.   뜻 _____

038 The next _____ to Seoul leaves at 5:00 p.m. tomorrow. 뜻 _____

039 If the weather is nice tomorrow, we'll ____ _____.   뜻 _____

040 After I _____ _____ university, I will get a job.   뜻 _____

041 My _____ leaves at 7:00 tonight.   뜻 _____

042 They are going to the _____ _____.   뜻 _____

043 She is playing _____.   뜻 _____

044 We'll _____ _____ when it stops raining.   뜻 _____

045 It will snow _____ this winter.   뜻 _____

046 Kevin and Linda don't know the _____.   뜻 _____

047 She is _____ _____ her pencil.   뜻 _____

048 Tom and Jane are going to the _____.   뜻 _____

049 Tiffany _____ her mini homepage yesterday.   뜻 _____

050 Jessica reads a _____ every day.   뜻 _____

001	smoke	ⓥ 담배 피우다		
002	hobby	ⓝ 취미		
003	international	ⓐ 국제의, 국제적인		
004	important	ⓐ 중요한		
005	solve	ⓥ 풀다, 해결하다		
006	goal	ⓝ 목표, 목적(지)		
007	habit	ⓝ 습관, 버릇		
008	collect	ⓥ 모으다, 수집하다		
009	wish	ⓝ 소원, 희망		
010	foreign language	외국어		
011	travel	ⓥ 여행하다, 이동하다		
012	make money	돈을 벌다		
013	duplicator	ⓝ 복사기		
014	promise	ⓥ 약속하다		
015	be up to	~에게 달려 있다		
016	prefer	ⓥ ~을 더 좋아(선호)하다		
017	go on a trip	여행을 가다		
018	ride	ⓥ 타다, 타고 가다		
019	picture	ⓝ 사진		
020	take a break	휴식하다		
021	unlock	ⓥ (열쇠로) 열다		
022	bakery	ⓝ 제과점		
023	poem	ⓝ 시		
024	convenient	ⓐ 편리한, 간편한		
025	face	ⓝ 얼굴, 표면		

녹음된 문장을 듣고 빈칸에 단어 또는 표현을 쓰고, 그 뜻도 써보세요.

001 To _____ is bad for health. 뜻 _____

002 My _____ is to take pictures. 뜻 _____

003 English is an _____ language. 뜻 _____

004 To learn English is _____. 뜻 _____

005 It is not easy to _____ this problem. 뜻 _____

006 My _____ is to lose ten kilograms. 뜻 _____

007 To get up early is a good _____. 뜻 _____

008 My hobby is to _____ old coins. 뜻 _____

009 His _____ is to become a movie star. 뜻 _____

010 It is useful to learn a _____ _____. 뜻 _____

011 To _____ to new countries is interesting. 뜻 _____

012 To _____ _____ is difficult. 뜻 _____

013 I don't know how to use this _____. 뜻 _____

014 She _____ not to be late again. 뜻 _____

015 Which to choose _____ _____ _____ you. 뜻 _____

016 Karen _____ to travel by train. 뜻 _____

017 She wants to _____ _____ ___ _____ to the beach. 뜻 _____

018 I learned how to _____ a skateboard. 뜻 _____

019 I have interesting _____. 뜻 _____

020 It's time to _____ ___ _____. 뜻 _____

021 I didn't have a key to _____ the door. 뜻 _____

022 I'm going to the _____ to buy a cake. 뜻 _____

023 This _____ is very difficult to understand. 뜻 _____

024 This iPhone is _____ to use. 뜻 _____

025 I was surprised to see her _____. 뜻 _____

026	grow up	성장하다, 자라나다		
027	drunken	ⓐ 술 취한, 만취한		
028	accident	ⓝ 사고		
029	the Great Wall	만리장성		
030	discussion	ⓝ 토론		
031	reach	ⓥ ~에 닿다, ~에 도착하다		
032	the handicapped	장애인들		
033	carry	ⓥ 나르다, 옮기다		
034	recycle	ⓥ 재활용하다		
035	be good at	~를 잘하다		
036	go on a diet	다이어트를 (시작)하다		
037	mind	ⓥ 마음에 꺼리다		
038	give up	포기하다		
039	department store	백화점		
040	prepare for	~을 위해 준비하다		
041	abroad	ⓐⓓ 해외로[에]		
042	pleasure	ⓝ 즐거움		
043	City Hall	시청		
044	pay	ⓥ 지불하다, 지급하다		
045	regret	ⓥ 후회하다		
046	chopsticks	ⓝ 젓가락		
047	dangerous	ⓐ 위험한		
048	borrow	ⓥ 빌리다		
049	invite	ⓥ 초대[초청]하다		
050	flour	ⓝ 밀가루		

녹음된 문장을 듣고 빈칸에 단어 또는 표현을 쓰고, 그 뜻도 써보세요.

026 She _____ _____ to become an actress. 医 _____

027 The _____ man awoke to find himself in prison. 医 _____

028 Karen was very surprised to see the _____. 医 _____

029 We went to China to see _____ _____ _____. 医 _____

030 Our teacher sometimes uses videos for _____. 医 _____

031 Nancy is so tall that she can _____ the ceiling. 医 _____

032 Jane was kind enough to help _____ _____. 医 _____

033 Jason is so strong that he can _____ the box. 医 _____

034 _____ paper is a good idea. 医 _____

035 She _____ _____ _____ playing the violin. 医 _____

036 I'm thinking about _____ _____ ___ _____. 医 _____

037 Would you _____ opening the window? 医 _____

038 My dad _____ _____ smoking ten years ago. 医 _____

039 Susan went shopping at a new _____ _____. 医 _____

040 At last, I finished _____ _____ the final. 医 _____

041 I really enjoy traveling _____. 医 _____

042 To travel abroad is my only _____. 医 _____

043 Could you tell me how to get to _____ _____? 医 _____

044 What about using credit cards to _____ online? 医 _____

045 She _____ not studying English during her school days. 医 _____

046 It is easy to use _____. 医 _____

047 Climbing rocks is _____. 医 _____

048 Lucy went to the library to _____ a book. 医 _____

049 Lucy sent an e-mail to Linda to _____ her to a party. 医 _____

050 Lucy bought _____ and sugar to make a cake. 医 _____

001	guitar	⑪ (악기) 기타		
002	go on a vacation	휴가를 가다		
003	early	ⓐ 일찍, 이른		
004	math	⑪ 수학		
005	interesting	ⓐ 재미있는		
006	right now	지금 바로, 당장		
007	use	ⓥ 사용하다		
008	by tomorrow	내일까지		
009	penguin	⑪ 펭귄		
010	climb	ⓥ 오르다, 기어오르다		
011	answer	ⓥ 대답하다		
012	sea	⑪ 바다		
013	fluently	ⓐ 유창하게		
014	on time	시간에 맞게, 정각에		
015	musical instrument	악기		
016	remember	ⓥ 기억하다, 생각해 내다		
017	president	⑪ 대통령		
018	rumor	⑪ 소문		
019	carefully	ⓐ 조심스럽게, 주의하여		
020	alone	ⓐ 홀로, 단독으로		
021	driver's licence	운전 면허증		
022	favor	⑪ 부탁, 호의, 친절		
023	leave a message	메시지를 남기다		
024	gift	⑪ 선물		
025	salt	⑪ 소금		

001 I can play the _____. 뜻 _____

002 We will _____ _____ ___ _____ this summer. 뜻 _____

003 He gets up _____ every morning. 뜻 _____

004 Jennifer will study _____. 뜻 _____

005 The book may be _____. 뜻 _____

006 He should meet her _____ _____. 뜻 _____

007 You can _____ my cell phone. 뜻 _____

008 Can you finish the work _____ _____? 뜻 _____

009 A _____ can't fly. 뜻 _____

010 Monkeys can _____ trees. 뜻 _____

011 She can _____ the question. 뜻 _____

012 Peter can swim in the _____. 뜻 _____

013 You will be able to speak English _____. 뜻 _____

014 We will be able to finish the work _____ _____. 뜻 _____

015 Can Tom play a _____ _____? 뜻 _____

016 I couldn't _____ your phone number yesterday. 뜻 _____

017 A woman can be a _____. 뜻 _____

018 The _____ may not be true. 뜻 _____

019 Jessica doesn't drive _____. 뜻 _____

020 You can't go there _____. 뜻 _____

021 May I see your _____ _____? 뜻 _____

022 Will you do me a _____, please? 뜻 _____

023 Could I _____ ___ _____? 뜻 _____

024 Can you please buy some _____ for me? 뜻 _____

025 Could you please pass me the _____? 뜻 _____

026	clean	ⓥ 청소하다		
027	until	ⓟ ~까지		
028	knife	ⓝ 칼		
029	late	ⓐ 늦은, 지각한		
030	make a noise	떠들다, 소란스럽게 하다		
031	food	ⓝ 음식		
032	return	ⓥ 돌아오다(가다)		
033	reception desk	(호텔 등의) 접수처, 프런트		
034	protect	ⓥ 보호하다		
035	umbrella	ⓝ 우산		
036	fast food	패스트 푸드, 즉석 음식		
037	hang out	어울리다		
038	lose weight	살을 빼다, 체중이 줄다		
039	stomachache	ⓝ 복통, 위통		
040	stupid	ⓐ 어리석은, 바보 같은		
041	suitcase	ⓝ 여행 가방		
042	rich	ⓐ 부유한, 부자인		
043	crosswalk	ⓝ 횡단보도		
044	hiking boots	등산화		
045	museum	ⓝ 박물관		
046	obey	ⓥ 복종(준수)하다		
047	find	ⓥ 찾다, 발견하다		
048	forgot	ⓥ forget(잊다)의 과거		
049	win first prize	1등 상을 타다		
050	vegetable	ⓝ 야채		

녹음된 문장을 듣고 빈칸에 단어 또는 표현을 쓰고, 그 뜻도 써보세요.

026 You must _____ your room right now!   뜻 _____

027 We must stay home _____ eight.   뜻 _____

028 Children mustn't play with _____.   뜻 _____

029 I'm _____ for a meeting. I have to run.   뜻 _____

030 Don't _____ __ _____. You should be quiet in there. 뜻 _____

031 You must not take _____ into your room.   뜻 _____

032 You must _____ to the hotel by 10:00 p.m. every night. 뜻 _____

033 You must leave your key at the _____ _____ when you go out. 뜻 _____

034 You should wear sunglasses to _____ your eyes. 뜻 _____

035 You'd better take an _____ with you.   뜻 _____

036 We shouldn't eat too much _____ _____.   뜻 _____

037 She'd better not _____ _____ with friends every day. 뜻 _____

038 She had better _____ _____.   뜻 _____

039 Susan has a _____. She must go to the hospital. 뜻 _____

040 You must be _____ to tell such a lie.   뜻 _____

041 This _____ is heavy.   뜻 _____

042 She must be _____.   뜻 _____

043 You should cross at the _____.   뜻 _____

044 You don't have to wear _____ _____.   뜻 _____

045 Sunny is going to visit the _____.   뜻 _____

046 You must _____ the traffic rules.   뜻 _____

047 I lost Kelly's pencil. I should _____ it now.   뜻 _____

048 I _____ my phone number.   뜻 _____

049 Lucy _____ _____ _____ in the math contest. 뜻 _____

050 She hasn't washed the _____ for the sandwich. 뜻 _____

001	girlfriend	ⓝ 여자 친구		
002	pet snake	애완용 뱀		
003	birthday	ⓝ 생일		
004	favorite	ⓐ 매우 좋아하는		
005	weather	ⓝ 날씨		
006	strange	ⓐ 이상한, 낯선		
007	finish	ⓥ 끝내다, 마치다		
008	summer vacation	여름방학		
009	later	ⓐⓓ 나중에		
010	cafeteria	ⓝ (학교, 회사 등의) 구내 식당		
011	kangaroo	ⓝ 캥거루		
012	bench	ⓝ 벤치, 긴 의자		
013	kite	ⓝ 연		
014	umbrella	ⓝ 우산		
015	talk to	~에게 말을 걸다		
016	beach	ⓝ 해변, 바닷가		
017	of course	물론		
018	go fishing	낚시하러 가다		
019	listen to music	음악을 듣다		
020	store	ⓝ 가게, 상점		
021	ticket	ⓝ 표		
022	Germany	ⓝ 독일		
023	look	ⓥ ~처럼 보이다		
024	an hour ago	한 시간 전(에)		
025	badminton	ⓝ 배드민턴		

녹음된 문장을 듣고 빈칸에 단어 또는 표현을 쓰고, 그 뜻도 써보세요.

001 She is my _____.   뜻 _____

002 They're my _____ _____.   뜻 _____

003 My _____ is on May 15th.   뜻 _____

004 What is your _____ color?   뜻 _____

005 How is the _____ in Daegu?   뜻 _____

006 When does the _____ woman smile at you?   뜻 _____

007 When does he _____ his work?   뜻 _____

008 When does the _____ _____ begin?   뜻 _____

009 Why don't you call me _____?   뜻 _____

010 Sunny eats lunch at the _____ every day.   뜻 _____

011 _____ live in Australia.   뜻 _____

012 They are sitting on the _____.   뜻 _____

013 Who is flying a _____?   뜻 _____

014 Why is Sandra taking an _____?   뜻 _____

015 Lucy is _____ _____ her father.   뜻 _____

016 I went to the _____.   뜻 _____

017 I went surfing, _____ _____.   뜻 _____

018 He _____ _____ with his father.   뜻 _____

019 He is _____ _____ _____.   뜻 _____

020 What did you buy at the _____?   뜻 _____

021 He got the _____ from his brother.   뜻 _____

022 When did she go to _____?   뜻 _____

023 How did she _____?   뜻 _____

024 What was she doing _____ _____ _____?   뜻 _____

025 She was playing _____.   뜻 _____

026	teach	ⓥ 가르치다		
027	singer	ⓝ 가수, 노래하는 사람		
028	jog	ⓥ 조깅하다		
029	wash	ⓥ 씻다		
030	somebody	ⓝ 어떤 사람, 누군가		
031	broke	ⓥ break(깨뜨리다)의 과거		
032	happen	ⓥ 발생하다, 일어나다		
033	sick	ⓐ 아픈, 병든		
034	schoolbag	ⓝ 책가방		
035	hat	ⓝ 모자		
036	bridge	ⓝ 다리		
037	airport	ⓝ 공항		
038	rice	ⓝ 쌀		
039	fight with	~와 싸우다		
040	sit	ⓥ 앉다		
041	lesson	ⓝ 수업, 연습, 레슨		
042	veterinarian	ⓝ 수의사		
043	movie director	영화감독		
044	cook	ⓥ 요리하다		
045	trip	ⓝ 여행		
046	subject	ⓝ 과목, 주제		
047	tea	ⓝ (마시는) 차		
048	vase	ⓝ 꽃병		
049	brush	ⓥ 닦다, 솔질하다, 털다		
050	spend	ⓥ (돈을) 쓰다, 소비하다		

026 Who is _____ you English now?   뜻 _____

027 Who is your favorite _____?   뜻 _____

028 They were _____.   뜻 _____

029 She was _____ her car.   뜻 _____

030 _____ lives in this house.   뜻 _____

031 Who _____ the window?   뜻 _____

032 What _____ last night?   뜻 _____

033 What made you _____?   뜻 _____

034 Whose _____ is this?   뜻 _____

035 Whose _____ is that?   뜻 _____

036 How long is that _____?   뜻 _____

037 How far is it from here to the _____?   뜻 _____

038 How much _____ do you need?   뜻 _____

039 Why did you _____ _____ her?   뜻 _____

040 Judy is _____ on the bench.   뜻 _____

041 When do you go to your piano _____?   뜻 _____

042 My father is a _____.   뜻 _____

043 I want to be a _____ _____.   뜻 _____

044 How often does he _____ for his family?   뜻 _____

045 How was your _____ to Jejudo?   뜻 _____

046 My favorite _____ is English.   뜻 _____

047 Which do you prefer, _____ or coffee?   뜻 _____

048 There are three roses in the _____.   뜻 _____

049 How often does Tom _____ his teeth?   뜻 _____

050 He _____ a lot of money on breakfast.   뜻 _____

출제의도 be동사의 긍정문

평가내용 실생활에서 be동사를 이용하여 문장 완성하기

B. 다음 신상 정보를 이용하여 4개의 완전한 문장으로 표현하시오. (주어는 대명사로 쓸 것)

[서술형 유형 : 8점 / 난이도 : 중하]

이름: Yu-na Kim

나이: 20

직업: figure skater

국적: Korea

1. _____

2. _____

3. _____

4. _____

평가영역	채 점 기 준	배 점
유창성(Fluency) & 정확성(Accuracy)	4개의 문장을 모두 올바른 표현과 함께 정확하게 완성한 경우 (문법, 철자가 모두 정확한 경우)	4 x 2 = 8점
	대명사, be동사, 관사를 바르게 사용하지 못한 경우	문항당 1점씩 감점
	내용과 전혀 일치하지 않거나 답을 기재하지 못한 경우	0점

출제의도 be동사의 과거형
평가내용 과거형을 이해하고 문장 완성하기

C. 다음 사진은 모두 10년 전 사진이다. 〈보기〉와 같이 의문문과 대답을 완성하시오. [서술형 유형 : 6점 / 난이도 : 중상]

| Jason | Mina & Seo-yoon | Sunny | Kelly |
| (singer) | (students) | (slim) | (soccer player) |

보기	Sunny / fat A: *Was Sunny fat (10 years ago)?* B: *No, she wasn't. She was slim.*

1. Jason / a soldier

A: _____?

B: _____

2. Kelly / a baseball player

A: _____?

B: _____

3. Mina and Seo-yoon / teachers

A: _____?

B: _____

평가영역	채 점 기 준	배 점
유창성(Fluency) & 정확성(Accuracy)	올바른 표현과 함께 정확하게 완성한 경우 (문법, 철자가 모두 정확한 경우)	3 × 2 = 6점
	대명사, be동사, 관사를 바르게 사용하지 못한 경우	문항당 1점씩 감점
	내용과 전혀 일치하지 않거나 답을 기재하지 못한 경우	0점

Chapter 2

명사와 관사

Unit 01 명사

1-1 명사의 종류

bus(보통)   family(집합)   China(고유)   coffee(물질)   beauty(추상)

01 **셀 수 있는 명사**: a 또는 an을 붙일 수 있고, 명사 뒤에 -(e)s를 붙여 복수형을 만들 수 있다.

1 보통명사: 사람이나 사물의 이름으로 하나씩 구분할 수 있으며 일정한 모양이 있는 명사로 car, teacher, egg, city, house, bird, girl 등이 대표적인 예이다.

We have two cats. 우리는 고양이 두 마리를 가지고 있다.

2 집합명사: 사람이나 사물이 모여 집합체를 이룬 명사로 family, class, audience, band, team, club 등이 이에 해당된다.

A family will visit you tomorrow. 내일 한 가족이 당신을 방문할 것이다.

02 **셀 수 없는 명사**: 하나, 둘 또는 한 명, 두 명과 같이 수를 셀 수 없다. a 또는 an을 쓸 수 없고 복수형도 만들지 못한다.

1 고유명사: 이름이나 지명 등과 같이 세상에 오직 하나밖에 존재하지 않는 명사로 Korea, London, Incheon International Airport, Mt. Everest, the Nile 등이 대표적인 예이다.

We live in Korea. 우리는 한국에 산다.

2 물질명사: 물, 공기, 기름처럼 일정한 형태가 없어 셀 수 없는 명사로 snow, water, salt, butter, rice, gas, sugar, money, paper 등이 있다.

I want some milk. 나는 약간의 우유를 원한다.

3 추상명사: 이름은 있으나 눈에 보이지 않는 것들로 인간의 머리에서 만들어진 추상적인 개념을 나타내는 명사이다. love, life, peace, truth, freedom, advice 등이 이에 해당한다.

The girls need love. 그 소녀들은 사랑이 필요하다.

서술형 기초다지기

Challenge 1 다음 괄호 안에 셀 수 있는 명사에는 C를, 셀 수 없는 명사에는 U를 쓰세요.

01.

teacher (　)

02.

orange (　)

03.

juice (　)

04.

paper (　)

05.

knife (　)

06.

tea (　)

Challenge 2 다음 괄호 안에 a(n)를 붙일 수 있는 명사에는 O, 붙일 수 없는 명사에는 X를 하고, 빈칸에는 명사의 종류를 쓰세요.

01. (　) water　　→ _____

02. (　) book　　→ _____

03. (　) family　　→ _____

04. (　) education　　→ _____

05. (　) butter　　→ _____

06. (　) America　　→ _____

07. (　) kindness　　→ _____

08. (　) money　　→ _____

09. (　) class　　→ _____

10. (　) dog　　→ _____

1-2 셀 수 있는 명사의 복수형 만들기

an apple
사과 한 개

three apples
사과 세 개

a baby
아기 한 명

two babies
아기 두 명

01 셀 수 있는 **명사**란 하나, 둘, 셋, 넷… 이렇게 셀 수 있으며, 하나일 때는 명사 앞에 반드시 a나 an을 붙이고, 여러 개일 때는 명사에 -s, -es를 붙여서 복수형을 만든다.

• 명사의 복수형 만드는 방법

① 대부분의 명사: -s를 붙임	book – books pencil – pencils house – houses
② -s, -ss, -sh, -ch, -x로 끝나는 명사: -es를 붙임	bus – buses box – boxes dish – dishes bench – benches watch – watches brush – brushes
③ 「자음 + o」로 끝나는 명사: -es를 붙임	potato – potatoes tomato – tomatoes hero – heroes 예외 piano – pianos zoo – zoos radio – radios kangaroo – kangaroos
④ 「자음 + y」로 끝나는 명사: y를 i로 고치고 -es를 붙임	baby – babies city – cities lady – ladies country – countries candy – candies puppy – puppies
⑤ 「모음 + y」로 끝나는 명사: -s만 붙임	boy – boys toy – toys monkey – monkeys day – days
⑥ -f(e)로 끝나는 명사: -f, -fe를 -ves로 고침	leaf – leaves knife – knives wolf – wolves wife – wives 예외 roof – roofs safe – safes

※ safe : 금고

서술형 기초다지기

정답 p. 4

Challenge 1   다음 명사의 복수형을 쓰세요.

01. book → _____   02. pencil → _____

03. bus → _____   04. dish → _____

05. bench → _____   06. watch → _____

07. dish → _____   08. potato → _____

09. tomato → _____   10. radio → _____

11. kangaroo → _____ 12. flower → _____

13. baby → _____   14. boy → _____

15. knife → _____   16. monkey → _____

17. country → _____ 18. city → _____

19. toy → _____   20. leaf → _____

Challenge 2   다음 빈칸에 들어갈 말로 알맞은 것을 고르세요.

01. I have a _____.

(a) butter   (b) water   (c) brother   (d) cups

02. His _____ are all handsome.

(a) children   (b) brother   (c) classmate   (d) student

03. They are cute _____.

(a) puppy   (b) money   (c) babies   (d) ladys

1-3 불규칙으로 변하는 명사의 복수형

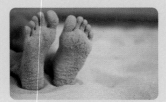

Your feet are dirty.
네 발은 더럽다.

I brush my teeth after a meal.
나는 식사 후에 이를 닦는다.

01 명사에 '-s, -es'를 붙이는 일정 규칙 없이 불규칙하게 변하는 명사의 복수형이 있다.

man (남자) – men   woman (여자) – women   mouse (쥐) – mice
tooth (치아) – teeth   person (사람) – people   goose (거위) – geese
child (아이) – children   foot (발) – feet

※ people은 한 사람 이상일 때 사용한다. persons(개개인들)라는 복수는 잘 사용하지 않고 대신 people을 자주 쓴다.

02 단수 명사와 복수 명사의 모양이 똑같은 명사

a deer (사슴) – two deer   a fish (물고기) – five fish   a sheep (양) – many sheep

03 항상 짝을 이루어 복수로만 사용하는 명사

shoes(sneakers)   pants   gloves   glasses   chopsticks

항상 복수로 쓰이는 명사인 glasses(안경) pants(바지), jeans(청바지) 등은 똑같은 두 개의 부분이 하나를 이루는 단위명사 pair를 써서 「a pair of + 명사」로 수를 표시한다.

I need a new pair of jeans. 나는 새 청바지가 한 벌 필요하다.
She bought two pairs of pants. 그녀는 바지 두 벌을 샀다.

Challenge 1 다음 명사의 복수형을 쓰세요.

01. tooth → _____

02. goose → _____

03. foot → _____

04. child → _____

05. man → _____

06. woman → _____

07. person → _____

08. mouse → _____

Challenge 2 다음 빈칸에 들어갈 알맞은 명사를 쓰세요.

01.

There are two _____ in the field.

02.

Do you wear _____?

03.

There are a lot of _____ in the river.

04.

There are a lot of _____ in the zoo.

Challenge 3 다음 우리말과 뜻이 같도록 괄호 안의 말을 이용하여 문장을 완성하세요.

01. 나는 어제 운동화 두 켤레를 샀다. (pair of sneakers)

→ I bought _____ yesterday.

02. 그는 오늘 안경 하나를 샀다. (pair of glasses)

→ He bought _____ today.

1-4 셀 수 없는 명사를 세는 방법

Jane drinks much water.
제인은 물을 많이 마신다.

She drinks four cups of coffee every day.
그녀는 매일 커피 네 잔을 마신다.

01 셀 수 없는 명사(추상명사, 고유명사, 물질명사)는 하나, 둘…과 같이 수를 셀 수 없다. 따라서 **명사 앞에 a(n)를 붙일 수 없고 뒤에 -s, -es를 붙여 복수형을 만들지도 못한다.**

02 **셀 수 없는 물질명사**는 그 물질을 담는 그릇이나 단위를 이용하여 셀 수 있다. '물 두 잔', '커피 세 잔'처럼 복수형으로 쓰일 때는 물질명사는 그대로 두고 **단위를 나타내는 명사에 -(e)s를 붙인다.**

잔	a cup/glass of	water, milk, tea, juice, coffee
조각	a slice/piece of	bread, pizza, toast, meat, cheese
(종이) 장	a piece/sheet of	paper
덩어리	a loaf of	bread, meat
병	a bottle of	milk, juice, wine, ink, shampoo
통, 관	a tube of	toothpaste
(종이) 팩	a carton of	milk, juice

She bought a bottle of milk.   →   She bought two bottles of milk.
그녀는 우유 한 병을 샀다.   그녀는 우유 두 병을 샀다.

I need a piece of paper.   →   I need three pieces of paper.
나는 종이 한 장이 필요하다.   나는 종이 세 장이 필요하다.

서술형 기초다지기

정답 p. 5

Challenge 1   우리말과 같은 뜻이 되도록 빈칸에 알맞은 표현을 쓰세요.

01. 빵 두 조각

→ _____ bread

02. 커피 한 잔

→ _____ coffee

03. 피자 세 조각

→ _____ pizza

04. 종이 세 장

→ _____ paper

Challenge 2   다음 우리말을 영어로 옮길 때 알맞은 표현을 고르세요.

01. 케이크 세 조각   →   three (piece / pieces) of cake

02. 차 두 잔   →   two cups of (tea / teas)

03. 빵 다섯 덩어리   →   five (loaf / loaves) of bread

04. 와인 한 병   →   a (bottles / bottle) of wine

05. 치약 두 통   →   two (tubes / tube) of toothpaste

Memo

1-5 명사의 격

The student **is from Canada**. 그 학생은 캐나다 출신이다.
I know the student. 나는 그 학생을 안다.
The student's **house is next to mine**. 그 학생의 집은 우리 집 옆에 있다.

---

01 명사의 격은 명사가 문장에서 하는 역할을 말한다. **주어로 쓰이면 주격, 목적어로 쓰이면 목적격**이 된다. 명사의 주격과 목적격은 모양이 같다.

The girl **studies very hard**. 그 소녀는 매우 열심히 공부한다. ▶ 주격
Every teacher likes the girl. 모든 선생님들이 그 소녀를 좋아한다. ▶ 목적격

---

02 명사의 소유격은 '~의'라는 소유 관계를 나타내며 **사람과 동물 같은 생물의 소유격은 '(s)**를 붙여 만든다.

① 단수 명사 뒤에는 's를 붙인다.
   This is my father's car. 이건 우리 아빠의 자동차이다.
   It's Susan's bag. 그것은 수잔의 가방이다.

② -s로 끝나는 복수 명사는 어퍼스트로피(')만 붙인다. 단, 사람의 이름인 경우에는 -s로 끝나도 's를 붙인다.
   Those are the students' shoes. 저것들이 그 학생들의 신발이야.
   Are you going to James's party? 제임스의 파티에 갈거니?

③ -s로 끝나지 않는 불규칙 복수형인 경우 's를 붙여 소유격을 만든다.
   Which floor is the men's wear on? 남성복은 몇 층에 있어요?
   children's toys 아이들의 장난감   women's magazine 여성 잡지

---

03 **무생물을 나타내는 명사는 of를 이용**하여 소유격을 나타낸다.

What is the title of the movie? 이 영화의 제목이 뭐니?
The legs of the desk are made of wood. 그 책상의 다리는 나무로 만들어졌다.

Challenge 1 다음 괄호 안의 단어에 's 또는 '를 붙여서 소유격으로 나타내세요.

01. Christine is a _____ name. (girl)

02. Tomorrow is _____ birthday. (Bob)

03. David and Tim are _____ names. (men)

04. _____ shoes are expensive. (children)

Challenge 2 소유격을 이용하여 다음 질문에 대한 답변을 완성하세요.

01. Q: Whose dog is that?

A: That's _____ . (Julia)

02. Q: Whose bicycle is this?

A: It's _____ . (Kathy)

03. Q: Whose house is that?

A: It's _____ . (Jessica)

04. Q: Whose cake is this?

A: It's _____ . (Sandra)

Challenge 3 다음 괄호 안의 단어와 of를 이용하여 문장을 완성하세요.

01. What is _____ ? (this town / the name)

02. Do you like _____ ? (this coat / the color)

03. Write your name at _____ . (the page / the top)

Unit 02 관사

2-1 부정관사 a, an의 쓰임

She bought an orange and an apple.
그녀는 오렌지 한 개와 사과 한 개를 샀다.

01 '하나, 한 명'이라는 개념으로 셀 수 있는 **단수 명사 앞에 쓰는 a(n)를 부정관사**라고 한다. 대부분의 명사 앞에는 a를 쓰지만 **첫소리가 모음으로 발음되는 명사 앞에는 an**을 쓴다. 단, 철자가 모음이라도 발음이 자음인 경우는 a를 쓰고 철자가 자음이라도 모음으로 발음되면 an을 쓴다.

a book	a bus	an animal	an elephant
a dog	a doctor	an artist	an umbrella
a uniform	a university	an hour	

※ uniform과 university의 경우, 철자가 모음(u)으로 시작하지만 발음은 자음(/ju/)이므로 an이 아닌 a를 쓴다.
※ hour는 철자가 자음(h)으로 시작하지만 발음은 모음(/a/)이므로 a가 아닌 an을 쓴다.

02 명사 앞에 형용사가 있을 경우, **a와 an은 형용사의 첫소리에 따라 결정**된다.

a useful book   an honest boy   an easy question
an old lady   an interesting story

It's a book. → It's an interesting book. 그것은 재미있는 책이다.
She is an actress. → She is a Korean actress. 그녀는 한국 배우이다.

03 부정관사의 의미

① 막연한 '하나'

A woman is coming into the office. 어떤 여자가 사무실 안으로 들어오고 있다.

② ~당, ~마다(=per)

I drink three glasses of water a day. 나는 날마다 물 세 잔을 마신다.

③ 종족 전체를 대표

A cow is a useful animal. 소는 유용한 동물이다.

서술형 기초다지기

정답 p. 5

Challenge 1 다음 빈칸에 a 또는 an 중 알맞은 것을 쓰세요.

01. _____ alligator
02. _____ orange
03. _____ hour
04. _____ university
05. _____ uniform
06. _____ interesting story
07. _____ old woman
08. _____ useful animal
09. _____ honest man

Challenge 2 다음 빈칸에 a 또는 an을 쓰고 필요 없는 곳에는 X표 하세요.

01. I drink three glasses of water _____ day.

02. There is _____ university in the city.

03. Give me _____ orange, please.

04. He is _____ Italian.

05. Do you see _____ European around here?

06. I go to church on _____ Sundays.

07. There are _____ apples in the basket.

Challenge 3 밑줄 친 관사의 의미가 '하나의, ~마다, 종족 전체' 중 어디에 해당하는지 쓰세요.

01. I go to the gym three times <u>a</u> week. → _____

02. <u>An</u> alligator has a long tail. → _____

03. <u>A</u> strange man came to see you. → _____

04. <u>A</u> bear sleeps during the winter. → _____

정관사 the의 쓰임 / 관사의 생략

01 정관사 the는 **이미 언급된 명사가 다시 반복**될 때, 또는 **말하는 사람이나 듣는 사람이 무엇을 가리키는지 알 수 있는 '특정한 것', '바로 그것'**을 언급할 때 사용된다.

I have a puppy. The puppy is very cute. 나는 강아지가 한 마리 있다. 그 강아지는 매우 귀엽다.　▶ 앞에 언급된 명사
I'm so cold. Please close the door. 너무 춥네요. 문 좀 닫아 주세요.　▶ 서로 알고 있는 문

02 **세상에서 유일한 자연물**이나 우리 **주위의 친숙한 자연환경**(the sea, the city, the sky, the ground, the country)에는 정관사 the를 쓴다.

The moon goes around the Earth. 달은 지구 주위를 돈다.
Do you want to live in the country? 너는 시골에서 살고 싶니?

03 **악기 앞에는 the**를 쓰고 movie, theater, radio에는 the를 쓰지만 **television(＝TV)에는 the를 쓰지 않는다.**

She plays the piano very well. 그녀는 피아노를 아주 잘 친다.
How often do you watch TV? TV를 얼마나 자주 보세요?

04 **식사이름, 운동경기, 교통수단, 과목[학문]명 앞**에는 관사를 쓰지 않는다. go to school처럼 건물 등이 본래의 용도로 쓰일 때에도 관사를 쓰지 않는다.

Did you have breakfast? 아침 먹었니?
I like science. 나는 과학을 좋아한다.
Do you like soccer? 너는 축구를 좋아하니?
She goes to school by bus. 그녀는 버스를 타고 학교에 다닌다.

Did you have dinner? 저녁 먹었니?
That was a very wonderful dinner. 맛있는 저녁이었다.　▶ 형용사가 올 경우 관사를 쓴다.

서술형 기초다지기

정답 p. 5

Challenge 1　다음 괄호 안에 a, an, the 중 알맞은 것을 쓰고, 필요하지 않으면 X표 하세요.

01. _____ car

02. _____ water

03.  _____ Statue of Liberty

04.  _____ Earth

05.  _____ Namsan Tower

06.  _____ children

Challenge 2　다음 빈칸에 a(n) 또는 the를 쓰고, 필요하지 않으면 X표 하세요.

01. Do you have _____ lunch with your friends?

02. _____ Earth isn't a star. It's a planet.

03. I have _____ cell phone. _____ cell phone is very expensive.

04. _____ mouse runs away. My cat catches _____ mouse.

05. We have _____ breakfast at 7 o'clock.

06. She is playing _____ guitar.

07. My dad plays _____ golf every weekend.

08. She writes to her mother once _____ month.

Unit 03 There be ~

3-1 There is + 단수 명사 / There are + 복수 명사

There is a book on the desk.
책상 위에 책이 한 권 있다.

There are many books on the desk.
책상 위에 책이 많이 있다.

01 **There is 뒤에는 단수 명사, There are 뒤에는 복수 명사**가 오며 '~가 있다'의 뜻이다. There is는 There's 로 줄여 쓰지만, There are는 줄여 쓰지 않는다.

There's a pencil on the table. 테이블 위에 연필 한 자루가 있다.
There are four students in the classroom. 교실에 네 명의 학생이 있다.

02 '~가 없다'를 나타낼 때는 There is/are의 **be동사 바로 뒤에 not**을 붙인다.

There isn't a tree in the garden. 정원에 나무가 한 그루도 없다.
There aren't any cars on the street. 길에는 차가 전혀 없다.

03 '~이 있니?'처럼 의문문을 만들 때에는 **be동사를 문장 맨 앞으로 보내고, 대답은 there is/are로 한다.**

Is there a post office near here? 근처에 우체국이 있니?
- Yes, there is. / No, there isn't. 응, 있어. / 아니, 없어.

Are there any apples in the refrigerator? 냉장고에 사과가 조금 있니?
- Yes, there are. / No, there aren't. 응, 있어. / 아니, 없어.

04 **셀 수 없는 명사**는 제아무리 그 양이 많아도 단수 취급하기 때문에 **there is만 쓴다.**

There is much water in a pond. 연못에는 많은 물이 있다.
There is a lot of snow in winter. 겨울에는 눈이 많다.

05 '~가 몇 개나 있니?'처럼 수를 물을 때는 「How many + 명사 + are there ~?」, '얼마나 있니?'와 같이 셀 수 없는 명사의 양을 물을 때는 「How much + 명사 + is there ~?」로 쓴다.

How many elephants are there in the zoo? 동물원에 코끼리가 몇 마리나 있니?
- There are four elephants in the zoo. 네 마리가 있어.

How much water is there on Earth? 얼마나 많은 물이 지구에 있니?

46

서술형 기초다지기

Challenge 1 사진과 일치하도록 괄호 속 단어와 there be 구문을 이용하여 문장을 완성하세요.

01.

(many apples)

_____ in the basket.

02.

(some cheese)

_____ on the table.

03.

(a cake)

_____ on the table.

Challenge 2 주어진 대답을 보고 「How many + 명사 + are there ~?」 의문문을 만들어 보세요.

01. A : _____

B : There are three roses in the vase.

02. A : _____

B : There are four books on the table.

03. A : _____

B : There are five rooms in my house.

04. A : _____

B : There are two teachers in the classroom.

01 출제 100 % - 명사의 단수형과 복수형을 구별하라.

 출제자의 눈 명사의 단수/복수형을 구별하여 쓸 줄 아는지를 묻는 문제가 가장 기본이다. 따라서, 명사의 복수형을 만드는 규칙과 함께 불규칙 명사도 암기해 두어야 한다. 또한 There is 뒤에는 단수 명사, There are 뒤에는 복수 명사를 고르는 문제도 자주 출제된다.

Ex 1.

명사의 단수형과 복수형을 <u>잘못</u> 연결한 것은?

(a) dish – dishes
(b) boy – boys
(c) child – childs
(d) mouse – mice

Ex 2.

빈칸에 알맞은 말을 고르시오.

There are many _____.

(a) butter   (b) man   (c) child   (d) sheep

02 출제 100 % - 부정관사와 정관사를 구별하라.

 출제자의 눈 a와 an 그리고 정관사 the를 적절하게 사용할 줄 아는지, 부정관사 an 뒤에 오는 명사가 적절한지를 묻는 문제가 출제된다. 명사의 올바른 소유격을 고르거나 부분적으로 영작하는 문제도 출제될 수 있다.

Ex 3.

빈칸에 들어갈 말이 순서대로 바르게 짝지어진 것은?

· I'm looking for _____ MP3 player.

· He can play _____ violin.

(a) a – an   (b) the – the   (c) an – the   (d) a – the

Ex 4.

우리말을 영어로 옮길 때 빈칸에 알맞은 것은?

· 내 친구의 교복은 더럽다.

 = _____ uniform is dirty.

(a) My friend   (b) My friend's   (c) Friend of my   (d) My friends's

03 출제 100% - 물질명사를 세는 방법을 반드시 익혀두자.

 출제자의 눈 물질명사는 셀 수 없다. 그러나 물질을 어떤 용기에 담아서 셀 때는 물 한 컵(a cup of water), 두 컵(two cups of water)과 같이 그 용기를 셀 수 있다. 따라서 출제자는 물질명사에 -s를 붙여 마치 셀 수 있는 것처럼 혼동을 주는 문제를 출제한다. 또는 물질명사를 셀 때 cup, piece, loaf, sheet 등의 단위명사를 알맞게 사용했는가를 물어보기도 한다. 짝을 이뤄 하나의 기능을 하는 명사 pants, shoes 등은 a pair of를 사용하는 것도 잊지 말아야 한다.

Ex 5.

우리말을 영어로 옮길 때 빈칸에 알맞은 것은?
· 그녀는 바지 두 벌을 사고 싶어 한다.
 = She wants to buy _____.
(a) a pair of pants   (b) two pairs of pants

Ex 6.

우리말을 영어로 옮길 때 빈칸에 알맞은 것은?
· 나는 피자 두 조각을 먹었다.
 = I ate _____.
(a) two pizzas   (b) two glasses of pizza
(c) second pizza   (d) two pieces of pizza

04 출제 100% - 정관사 사용 여부를 알아둬라.

 출제자의 눈 정관사 the가 필요한 곳과 필요하지 않은 곳을 고르라는 문제가 많이 출제된다.

Ex 7.

빈칸에 정관사 the가 필요한 것은?
(a) I can play _____ basketball.
(b) Jane plays _____ violin.
(c) She doesn't like to play _____ tennis.
(d) He plays _____ soccer with his friends.
(e) They play _____ baseball after school.

기출 응용문제

정답 p. 6

1. 다음 질문에 대한 대답으로 옳은 것은?

> Is there a nice restaurant near here?

❶ It's very delicious.   ❷ Yes, it is.
❸ Yes, let's.   ❹ That's OK.
❺ Yes, there is.

2. 다음 단어의 복수형이 <u>잘못된</u> 것은?

❶ mouse – mice   ❷ watch – watches
❸ box – boxs   ❹ pencil – pencils
❺ fish – fish

3. 다음 중 빈칸에 The(the)를 쓸 수 <u>없는</u> 곳은?

❶ _____ sun is shining.
❷ She plays _____ golf every weekend.
❸ Turn off _____ light and close the window.
❹ The earth moves around _____ sun.
❺ Can you open _____ door?

4. 다음 문장의 빈칸에 들어갈 말로 알맞은 것을 고르시오.

> There are _____ in the park.

❶ two puppies   ❷ three mouses
❸ four childs   ❹ a lot of snows
❺ five woman

5. 다음 질문에 대한 대답으로 적절한 것은?

> How many people are there in the playground?

❶ There are about 100 people.
❷ Many people lives in huge houses.
❸ Many people wait you for 5 hours.
❹ Many people often go to the playground.
❺ There are many trees in the playground.

6. 다음 빈칸에 a가 들어갈 수 <u>없는</u> 것은?

❶ My sister has _____ beautiful handbag.
❷ There is _____ my pencil-case on the desk.
❸ We have _____ radio in our room.
❹ She is _____ dentist.
❺ She doesn't have _____ computer.

7. 다음 우리말을 영어로 옮길 때 빈칸에 알맞은 것을 고르시오.

> 그는 어제 우유 세 병을 샀다.
> = He bought _____ milk yesterday.

❶ three bowls of   ❷ three glasses of
❸ three cups of   ❹ three slices of
❺ three bottles of

8. 다음 빈칸에 들어갈 관사가 바르게 짝지어진 것은?

> A: Is there _____ police station on this street?
> B: Yes, there is.
> A: Where's _____ police station?
> B: It's next to the bus stop.

❶ an – a   ❷ the – an
❸ the – the   ❹ a – a
❺ a – the

오답 노트 만들기

★틀린 문제 : _____   ★다시 공부한 날 : _____

(1) 문제를 왜? 틀렸는지 곰곰이 생각하고 그 이유를 적어본다.

(2) 핵심 개념을 적는다.

(3) 자신이 몰랐던 단어와 숙어 표현이 있으면 정리한다.

(4) 해설집에서 필요한 부분을 골라 풀이 해법을 정리한다.

★틀린 문제 : _____   ★다시 공부한 날 : _____

(1) 문제를 왜? 틀렸는지 곰곰이 생각하고 그 이유를 적어본다.

(2) 핵심 개념을 적는다.

(3) 자신이 몰랐던 단어와 숙어 표현이 있으면 정리한다.

(4) 해설집에서 필요한 부분을 골라 풀이 해법을 정리한다.

★틀린 문제 : _____   ★다시 공부한 날 : _____

(1) 문제를 왜? 틀렸는지 곰곰이 생각하고 그 이유를 적어본다.

(2) 핵심 개념을 적는다.

(3) 자신이 몰랐던 단어와 숙어 표현이 있으면 정리한다.

(4) 해설집에서 필요한 부분을 골라 풀이 해법을 정리한다.

★틀린 문제 : _____   ★다시 공부한 날 : _____

(1) 문제를 왜? 틀렸는지 곰곰이 생각하고 그 이유를 적어본다.

(2) 핵심 개념을 적는다.

(3) 자신이 몰랐던 단어와 숙어 표현이 있으면 정리한다.

(4) 해설집에서 필요한 부분을 골라 풀이 해법을 정리한다.

[1-2] 다음 중 명사의 복수형이 잘못 짝지어진 것을 고르시오.

1. ❶ day – days　　❷ tooth – tooths
　　❸ bench – benches　❹ berry – berries
　　❺ monkey – monkeys

오답노트

2. ❶ animal – animals　❷ woman – women
　　❸ mouse – mouses　❹ child – children
　　❺ potato – potatoes

오답노트

3. 다음 빈칸에 들어갈 수 <u>없는</u> 단어는?

There is a _____.

❶ book　　❷ milk　　❸ box
❹ computer　❺ bird

오답노트

4. 다음 부정관사 a 또는 an의 쓰임이 올바른 것은?

❶ a egg　　　❷ a orange
❸ an university　❹ an hour
❺ a interesting book

오답노트

5. 다음 빈칸에 들어갈 말로 알맞은 것은?

There are _____ in the lake.

❶ two cat　　❷ three geese
❸ four sheeps　❹ a puppies
❺ six cow

오답노트

6. 다음 중 빈칸에 a 또는 an을 쓸 수 <u>없는</u> 것은?

❶ He has _____ umbrella.
❷ I want _____ orange.
❸ He has _____ pretty flower.
❹ They are _____ students.
❺ She is _____ English teacher.

오답노트

7. 다음 밑줄 친 부분이 어법상 틀린 것은?

❶ This is a nice <u>house</u>.
❷ He eats an <u>orange</u>.
❸ Look at these <u>men</u>.
❹ He has an expensive <u>cars</u>.
❺ In Korea, we have four <u>seasons</u>.

오답노트

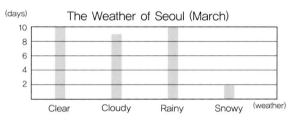

＊틀린 문제에는 빨간색으로 V 표시 해둔다.
＊V표시된 틀린 문제 아래 box에 나만의 오답노트를 정리한다.
＊맞은 문제를 풀기보다 틀린 문제를 완전히 알 때까지 복습한다.

8. 빈칸에 들어갈 말이 순서대로 바르게 짝지어진 것은?

· We went to _____ movies last night.
· _____ earth is much bigger than the moon.
· Kevin lent me _____ umbrella.

❶ the – The – an
❷ an – The – the
❸ the – The – the
❹ an – An – an
❺ the – An – the

오답노트

9. 다음 그래프에 나타나 있지 <u>않은</u> 것은?

(days)　The Weather of Seoul (March)

Clear　Cloudy　Rainy　Snowy　(weather)

❶ This is the weather of Seoul in March.
❷ There are ten clear days in March.
❸ There are eight cloudy days in March.
❹ There are ten rainy days in March.
❺ There are two snowy days in March.

오답노트

[10-11] 다음 문장에서 <u>틀린</u> 부분을 바르게 고치시오.

10. There are four ladys in the garden.

_____ → _____

11. In America, husbands call their wifes by their names.

_____ → _____

오답노트

12. 다음 빈칸에 들어갈 말로 바르게 짝지어진 것은?

A: I saw _____ black cat in front of your house. Do you know _____ cat?
B: You mean the cat climbing _____ tree.
A: Yea, that's right.

❶ the – a – a
❷ a – a – the
❸ an – the – an
❹ a – the – the
❺ the – the – a

오답노트

13. 다음 단어들을 알맞게 나열하여 문장을 만드시오.

나는 하루에 두 시간씩 음악을 듣는다.
= I listen to music _____.
(hours / a / day / two)

오답노트

14. 다음 빈칸에 알맞은 말을 쓰시오.

한국에는 오래된 건물이 많이 있다.
= _____ many old buildings in Korea.

오답노트

15. 다음 빈칸에 들어갈 수 <u>없는</u> 것은?

> How many _____ do you have?

❶ children ❷ bicycles

❸ puppies ❹ money

❺ potatoes

오답노트

[16-17] 우리말과 같은 의미가 되도록 빈칸을 채우시오.

16. 테이블 위에 피자 두 조각이 있다.

= There are _____
  on the table.

17. Kevin은 콜라 세 병을 샀다.

= Kevin bought _____.

오답노트

18. 다음 중 빈칸에 들어갈 말이 <u>다른</u> 하나는?

❶ I have _____ American friend.

❷ He is _____ elementary school student.

❸ There is _____ apple on the table.

❹ She is _____ tennis player.

❺ She's _____ English teacher.

오답노트

19. 다음 괄호 안의 우리말과 같은 의미가 되도록 빈칸을 영작하시오.

A: Do you drink orange juice every day?

B: Yes, I do.

A: How much orange juice do you drink?

B: I drink _____

_____.

(오렌지 주스 네 잔)

오답노트

20. 다음 중 빈칸에 the를 쓸 수 <u>없는</u> 것은?

❶ The stars shine in _____ sky.

❷ She played _____ violin for me.

❸ After _____ lunch, we went for a walk.

❹ This is a cat. _____ cat is very cute.

❺ Will you close _____ window?

오답노트

21. 다음 질문에 대한 대답으로 적절한 것은?

> A: Are there many books in the room?
> B: _____

❶ Yes, they are. ❷ No, they aren't.

❸ Yes, there is. ❹ Yes, there are.

❺ No, there isn't.

오답노트

A. 그림을 보고 필요하다면 정관사 the를 넣어 문장을 완성하시오.

1.

_____ is blue and _____ is shining.

2.

Julia has _____ every morning.

3.

Children play _____ after school.

4.

Nancy is playing _____.

B. 다음 괄호 안의 우리말과 같은 의미가 되도록 빈칸에 알맞은 단위를 쓰시오.

1. I want to drink _____. (물 한 잔)

2. I need to buy _____. (주스 세 병)

3. I want to have _____. (치즈 두 조각)

C. 다음 우리말과 같은 뜻이 되도록 문장을 완성하시오.

· 운동장에 어린이들이 많다.

→ _____ in the playground.

실전 서술형 평가문제

출제의도 There be + 명사
평가내용 There be를 이용하여 그림 묘사하기

A. 다음 그림을 설명하는 문장을 there be ~ 구문을 이용하여 영작하시오.   [서술형 유형 : 10점 / 난이도 : 중]

보기	*There are two boxes in the room.*

1. _____

2. _____

3. _____

4. _____

5. _____

평가영역	채 점 기 준	배 점
유창성(Fluency) & 정확성(Accuracy)	5개의 문장을 올바른 표현과 함께 정확하게 완성한 경우 (문법, 철자가 모두 정확한 경우)	5 x 2 = 10점
	명사의 복수형, be동사를 바르게 사용하지 못한 경우	문항당 1점씩 감점
	내용과 전혀 일치하지 않거나 답을 기재하지 못한 경우	0점

출제의도 일반명사와 물질명사의 수 표현
평가내용 사진을 보며 명사를 세는 법 표현하기

B. 다음은 Kelly가 내일 마트에 가서 살 물건의 목록이다. 현재 있는 것은 there be ~를 이용하여 영작하고
사야 할 물건은 will을 이용하여 영작하시오.   [서술형 유형 : 14점 / 난이도 : 중]

현재 있는 것

사야 할 것

• **현재 있는 것**

보기	*There is a bottle of milk.*

1. _____

2. _____

3. _____

• **사야 할 것**

4. _____

5. _____

6. _____

7. _____

평가영역	채 점 기 준	배 점
유창성(Fluency) & 정확성(Accuracy)	7개의 문장을 올바른 표현과 함께 정확하게 완성한 경우 (문법, 철자가 모두 정확한 경우)	7 x 2 = 14점
	명사의 복수형, 단위 명사, 관사를 바르게 사용하지 못한 경우	문항당 1점씩 감점
	내용과 전혀 일치하지 않거나 답을 기재하지 못한 경우	0점

실전 서술형 평가문제

출제의도 셀 수 있는 명사의 쓰임
평가내용 How many 의문문 만들기

C. 다음 사진을 보고 〈보기〉와 같이 「how many + 명사 + there be ~?」의 의문문을 영작하시오.

[서술형 유형 : 6점 / 난이도 : 중하]

보 기	A: *How many women are there* in this restaurant? B: There are three women in this restaurant.

1. A: _____ in this restaurant?

B: There are three men in this restaurant.

2. A: _____ on the table?

B: There are six bottles on the table.

3. A: _____ on the table?

B: There are many cups on the table.

평가영역	채 점 기 준	배 점
유창성(Fluency) & 정확성(Accuracy)	3개의 문장을 올바른 표현으로 정확하게 완성한 경우 (문법, 철자가 모두 정확한 경우)	3 x 2 = 6점
	명사의 복수형, be동사를 바르게 사용하지 못한 경우	문항당 1점씩 감점
	내용과 전혀 일치하지 않거나 답을 기재하지 못한 경우	0점

Chapter 3

대명사

Unit 01 대명사

1-1 인칭대명사의 주격, 목적격

I love her, but she doesn't love me.
나는 그녀를 사랑하지만 그녀는 나를 사랑하지 않는다.

---

01 **대명사는 명사를 대신해서 쓰는 말**로 1인칭(I, we), 2인칭(you), 3인칭(he, she, it, they)으로 나뉘어진다.

'나'를 표현	→	I(1인칭 단수)
'우리'를 표현	→	we(1인칭 복수)
대화의 상대자인 '너'를 표현	→	you(2인칭 단수)
대화의 상대자인 '너희들'을 표현	→	you(2인칭 복수)
'나' 또는 '너'가 아닌 다른 '사람[것]'을 표현	→	he / she / it(3인칭 단수)
'나' 또는 '너'가 아닌 다른 '사람[것]들'을 표현	→	they(3인칭 복수)

02 인칭대명사의 격은 대명사가 문장에서 **주어로 쓰이면 주격(주어 자격), 목적어로 쓰이면 목적격(목적어 자격)**이라고 한다.

	단 수		복 수	
	주격	목적격	주격	목적격
1인칭	I 나는	me 나를	we 우리들은	us 우리들을
2인칭	you 너는	you 너를	you 너희들은	you 너희들을
3인칭	he 그는	him 그를	they 그(것)들은	them 그(것)들을
	she 그녀는	her 그녀를		
	it 그것은	it 그것을		

Nancy plays the drum. 낸시는 드럼을 연주한다.

→ She plays the drum. 그녀는 드럼을 연주한다. ▶ 주어 Nancy → 주격 대명사 she로 표현

Bob likes comic books. 밥은 만화책을 좋아한다.

→ Bob likes them. 밥은 그것들을 좋아한다. ▶ 목적어 comic books → 목적격 대명사 them으로 표현

서술형 기초다지기

Challenge 1   다음 명사를 주격 대명사로 바꿔 쓰세요.

01. 말하는 사람 자신 → _____   02. 듣는 사람(상대방) → _____

03. Scott(남자) → _____   04. Laura(여자) → _____

05. Sunny and I → _____   06. you and she → _____

07. Peter and Lisa → _____   08. book and pencil → _____

09. car → _____   10. dog → _____

Challenge 2   다음 빈칸에 괄호 안의 대명사를 알맞은 형태로 바꿔 쓰세요.

01.

_____ is a pig. (it)

02.

I really like _____. (she)

03.

I know _____. (they)

Challenge 3   다음 문장의 밑줄 친 명사를 알맞은 대명사로 고쳐 쓰세요.

01. <u>John</u> is our teacher.

→ _____

02. <u>My friend and I</u> study English at the same school.

→ _____

03. She teaches <u>the students and me</u> Japanese.

→ _____

04. <u>Chang and Lee</u> are from China.

→ _____

인칭대명사의 소유격

Laura is a tennis player. 로라는 테니스 선수이다.
That is her tennis racquet. 저것은 그녀의 테니스 라켓이다.
The tennis racquet is hers. 그 테니스 라켓은 그녀의 것이다.

01 소유격은 '~의', 소유대명사는 '~의 것'을 뜻하는 말로 **'어떤 것이 (누구의) 소유'라는 의미**를 나타낼 때 쓴다.

주격	소유격	소유대명사
I	my book	mine (= my book)
you	your book	yours (= your book)
he	his book	his (= his book)
she	her book	hers (= her book)
we	our book	ours (= our book)
they	their book	theirs (= their book)
it	its tail	X

02 소유격(소유형용사)은 **반드시 명사 앞에서만 쓰이고 단독으로는 문장에서 쓰일 수 없다.**

This is my digital camera. 이것은 나의 디지털 카메라이다.
It is her car. 그것은 그녀의 차이다.

03 소유대명사는 '~의 것'이라는 뜻으로, 「**소유격 + 명사」를 한 단어의 대명사로 나타낸 것**이다. 따라서 뒤에 명사가 올 수 없고, 단독으로 명사 역할을 한다.

This digital camera is mine. 이 디지털 카메라는 내 것이다. ▶ mine = my digital camera
The car is hers. 그 차는 그녀의 것이다. ▶ hers = her car

04 **it의 소유대명사는 없다.** 소유격 its는 it is의 축약형인 it's와 혼동하면 안 된다.

I have an orange. Its color is yellow. 나는 오렌지를 하나 가지고 있다. 그것의 색은 노란색이다.
It's(= It is) my laptop. 그것은 나의 노트북이다.

서술형 기초다지기

Challenge 1   다음 괄호 안의 대명사를 알맞은 형태로 바꿔 쓰세요.

01.

These are _____ lemons. (she)

02.

It is _____ car. (they)

03.

This is _____ bed. (he)

04.

This is _____ digital camera. (I)

Challenge 2   다음 괄호 안에는 알맞은 소유격을 고르고, 빈칸에는 소유대명사를 쓰세요.

01. This is (him / his) MP3 player.

→ The MP3 player is _____.

02. This is (her / she) sweater.

→ The sweater is _____.

03. This is (my / mine) bag.

→ The bag is _____.

04. We love (us / our) jobs.

→ We love _____.

05. These are (them / their) shoes.

→ These shoes are _____.

06. (You / Your) ring is beautiful.

→ The ring is _____.

1-3 지시대명사

Is this your schoolbag? 이것이 네 책가방이니?
– Yes, it is. 응, 그래.

Are those your books? 저것들이 네 책이니?
– No, they aren't. 아니, 그렇지 않아.

01 이것(this), 저것(that)처럼 손가락으로 지시하듯이 가리키며 사용하는 대명사를 '지시대명사'라고 한다.

단 수	복 수	쓰 임
this(이것)	these(이것들)	가까이 있는 사물이나 사람을 가리킴
that(저것)	those(저것들)	공간적으로 조금 떨어진 사물이나 사람을 가리킴

This is my pencil. 이것은 나의 연필이다.
That is your book. 저것은 너의 책이다.

These are my pencils. 이것들은 나의 연필들이다.
Those are your books. 저것들은 너의 책들이다.

02 명사 앞에 놓여 명사를 꾸며 주는 형용사 역할을 할 수 있다. '이/저 + 명사'의 뜻으로 **this와 that 뒤에는 단수 명사**가 오고, **these와 those 뒤에는 복수 명사**가 온다.

This car is expensive. 이 차는 비싸다.
That house is big. 저 집은 크다.

These cars are expensive. 이 차들은 비싸다.
Those houses are big. 저 집들은 크다.

03 지시대명사를 이용한 의문문에서 **this/that은 it으로 대답**하고, **these/those는 they로 대답**한다.

Is this an apple? 이것은 사과이니? – Yes, it is. 응, 그래.
Are those heavy? 저것들은 무겁니? – No, they aren't. 아니, 그렇지 않아.

04 일상생활에서 **누군가를 소개할 때**나 전화상에서 **전화를 건 사람과 받는 사람을 가리킬 때** this를 쓴다.

Bob, this is Lucy. Lucy, this is Bob. 밥, 얘는 루시야. 루시, 얘는 밥이야.
Hello, this is Jason. Is this Rachel? 안녕하세요, 저는 제이슨입니다. (지금 전화 받으신 분은) 레이첼인가요?

64

Challenge 1 다음 빈칸에 알맞은 지시대명사를 쓰세요.

01.

_____ is a car.

02.

_____ are sunflowers.

03.

_____ are watermelons.

04.

_____ is an alligator.

Challenge 2 〈보기〉와 같이 의문문과 그 대답을 완성하세요.

보기	(apple)	*Is this* an orange? (이것은 오렌지인가요?)	– No, *it isn't.* *It is an apple.*

01.

(ice-skates)

_____ sneakers?
(저것들은 운동화인가요?)

– No, _____ _____.
_____

02.

(bicycles)

_____ motorcycles?
(이것들은 오토바이인가요?)

– No, _____ _____.
_____

03.

(a guitar)

_____ a violin?
(저것은 바이올린인가요?)

– No, _____ _____.
_____

1-4 재귀대명사 / 비인칭 주어 it

May I introduce myself to you?
제 소개를 해도 될까요?

What time is it now? 지금 몇 시예요?
It's 9 o'clock. 9시예요.

---

01 재귀대명사의 재귀적 용법은 '~ 자신'이란 뜻으로 **동사나 전치사의 목적어로 사용되어 주어의 동작이 주어 자신에게 돌아옴**을 말한다.

I cut myself on a knife. 나는 칼에 베였다.
Have you hurt yourself? 너 다쳤니?
He looked at himself in the mirror. 그는 거울 속 자신을 쳐다보았다.
She loves herself. 그녀는 그녀 자신을 사랑한다.
We enjoyed ourselves at the concert. 우리는 콘서트에서 신나게 즐겼다.
The company has got itself into difficulties.
그 회사는 스스로를 곤경에 빠뜨렸다.

I	→ myself
he	→ himself
she	→ herself
it	→ itself
you	→ yourself/
	yourselves
we	→ ourselves
they	→ themselves

02 재귀대명사의 강조 용법은 **주어의 행동을 강조하는 것**으로 '직접, 친히, 스스로'의 뜻이다. 강조하는 말 바로 뒤나 문장 맨 끝에 재귀대명사를 쓰는데 이때의 재귀대명사는 **생략이 가능**하다.

He (himself) did the work. 그는 직접 그 일을 했다.
I made this cake (myself). 이 케이크는 내가 직접 만든 거야.

※ 재귀대명사의 관용 표현: by oneself (혼자서, 홀로), for oneself (혼자 힘으로), of itself (저절로)
I went on vacation by myself. 나는 혼자서 휴가를 갔다.

03 비인칭 주어 it은 **시간, 날짜, 요일, 날씨, 계절, 거리, 명암을 나타낼 때 쓴다.** 영어는 반드시 주어가 있어야 하기 때문에 넣는 형식적인 주어이다.

What time is it? - It is seven o'clock. 지금 몇 시니? - 7시야. ▶ 시간
What date is it today? - It's May 15th. 오늘은 며칠이니? - 5월 15일이야. ▶ 날짜
What day is it today? - It's Saturday. 오늘은 무슨 요일이니? - 토요일이야. ▶ 요일
It is summer now. 지금은 여름이다. ▶ 계절
It's getting dark. 점점 어두워지고 있다. ▶ 명암
How long does it take to get there? 거기까지 얼마나 걸리니? ▶ 거리
- It takes two hours by subway. 지하철로 2시간 걸려.

서술형 기초다지기

정답 p. 8

Challenge 1 다음 괄호 안의 단어 중 알맞은 것을 고르세요.

01. You're proud of (you / yourself).

02. I went to Singapore by (myself / yourself).

03. My friends enjoyed (himself / themselves) during the vacation.

04. Jennifer had a good time in Mexico. She enjoyed (himself / herself).

05. He fell off his bike, but he didn't hurt (himself / him).

Challenge 2 우리말과 같은 의미가 되도록 주어진 단어로 문장을 만드세요.

01. 방이 어둡다. (dark, in the room) → _____

02. 지금 몇 시니? (time, now) → _____

03. 너희 집까지는 얼마나 머니? (how far, to your house) → _____

04. 오늘은 무슨 요일이니? (what day, today) → _____

Challenge 3 알맞은 재귀대명사를 사용하여 다음 대화를 완성하세요.

01. A: Nancy, this cake is very delicious!

  B: Thanks, I made it _____.

02. A: This bookshelf is strong.

  B: Thank you, but I didn't make it. My father made it _____.

03. A: Bob and I are going to Peter's party.

  B: OK. Enjoy _____.

01 출제 100 % - 대명사의 격을 조심하라.

 출제자의 눈 문장에서 대명사는 주어일 때와 목적어일 때 그 모양이 달라진다. 이를 대명사의 주격, 목적격이라 하는데 주어나 목적어를 대신하는 올바른 대명사를 쓸 줄 아는지를 물어보는 문제가 가장 많이 출제된다. 사물을 대신할 때 단수는 it, 복수는 they로 받을 수 있다.

Ex 1.

빈칸에 알맞은 인칭대명사를 쓰시오.
· 그는 Tom이고, 그녀는 Lisa이다. 그들은 영어 선생님이다.
→ _____ is Tom and _____ is Lisa. _____ are English teachers.

Ex 2.

빈칸에 알맞지 <u>않은</u> 것은?
_____ are very kind.
(a) They   (b) You   (c) Min-ho and Susan   (d) My friend Kelly

02 출제 100 % - 지시대명사와 단/복수 명사를 조심하라.

 출제자의 눈 우리말을 주고 지시대명사를 이용한 부분적인 영작문제가 출제된다. 지시대명사든, 지시형용사든 this/that은 단수 명사와, these/those는 복수 명사와 함께 써야 한다. 이를 틀리게 해놓고 고치거나 고르라는 문제가 출제된다. 지시대명사가 사용된 문장에서 다시 대명사를 써야 할 때 this/that은 it으로, these/those는 they로 받는 것도 반드시 기억해 두어야 한다.

Ex 3.

빈칸에 들어갈 말이 바르게 짝지어진 것은?
· This is Japanese food. _____ is good.
· Those are cookies. _____ are sweet.
(a) These – They   (b) It – They   (c) They – It   (d) It – It

Ex 4.

밑줄 친 부분과 쓰임이 같은 것은?
· <u>That</u> car is expensive.
(a) What is that?   (b) That's my friend.
(c) That pencil is yours.   (d) That isn't an apple.

03 출제 100% - 소유격과 소유대명사의 형태를 익혀두자.

 출제자의 눈 소유격은 반드시 뒤에 명사가 있어야 하지만, 소유대명사는 단독으로 명사 역할을 한다. 문장에서 올바른 격(형태)을 물어보는 문제가 집중적으로 출제된다. 「소유격 + 명사」를 소유대명사로 고쳐 쓰거나, 소유대명사를 다시 「소유격 + 명사」의 형태로 물어보는 부분 주관식 문제도 가능하다. 비인칭 주어 it과 대명사 it을 구별할 줄 아는지를 묻는 문제도 출제된다.

Ex 5.

빈칸에 알맞은 것은?
A: What's her name?
B: _____ name is Sunny.
(a) My   (b) Your   (c) His   (d) Her

Ex 6.

밑줄 친 부분을 두 단어로 바꾸어 쓰시오.
A: Whose book is this?
B: It is <u>mine</u>.
→ _____ _____

04 출제 100% - 재귀대명사는 부분 영작으로 자주 출제된다.

 출제자의 눈 재귀적 용법과 강조 용법을 주고 쓰임이 다른 것을 고르는 문제나 알맞은 형태의 재귀대명사를 빈칸에 넣는 문제가 출제된다. 이와 함께 관용적으로 많이 쓰이는 표현 help yourself(많이 드세요), kill oneself(자살하다), enjoy oneself(즐기다) 등도 함께 알아두자.

Ex 7.

빈칸에 알맞은 재귀대명사를 쓰시오.
· The volunteers felt proud of _____.
· We grow apple trees _____.

Ex 8.

우리말을 영어로 옮기시오.
A: What a nice party!
B: 마음껏 드세요. → _____

1. 다음 빈칸에 들어갈 알맞은 말을 고르시오.

> You should take care of _____. You look very tired.

❶ it   ❷ yours   ❸ yourself

❹ ourselves   ❺ your

2. 다음 빈칸에 들어갈 말이 바르게 짝지어진 것은?

> · _____ is my uncle, John.
> · I want to buy a pair of shoes. _____ look great.

❶ These – Those   ❷ These – These

❸ This – That   ❹ This – Those

❺ This – This

3. 다음 빈칸에 들어갈 단어로 알맞지 않은 것은?

> A : Whose car is this?
> B : It's _____.

❶ her   ❷ mine   ❸ theirs

❹ his   ❺ hers

4. 다음 밑줄 친 부분 중 틀린 것은?

❶ These are their books.

❷ It is my dog.

❸ He likes me.

❹ I like him.

❺ I like it's tail.

5. 다음 빈칸에 공통으로 들어갈 알맞은 말은?

> · _____ is very warm and clear.
> · I bought a new camera. I really like _____.

❶ That – that   ❷ It – it   ❸ One – one

❹ This – this   ❺ He – he

6. 다음 중 문장이 어색한 것을 고르시오.

❶ I have a dog. Its tail is long.

❷ I have a girlfriend. Her hair is black.

❸ This is Mr. Kevin. He is my English teacher.

❹ Our culture is similar to your.

❺ I often listen to music in my free time.

7. 다음 문장의 밑줄 친 it과 쓰임이 다른 것은?

> It's ten o'clock.

❶ It's sunny.

❷ It's Saturday.

❸ It's getting dark.

❹ It takes half an hour.

❺ It's her schoolbag.

8. 다음 대화의 빈칸에 알맞은 것은?

> A : Mom, this is Mr. Kim. _____ is my English teacher.
> B : Nice to meet you, Mr. Kim.
> C : Nice to meet you, too.

❶ It   ❷ He   ❸ She

❹ You   ❺ They

오답 노트 만들기

※ 틀린 문제에는 빨간색으로 V표시를 한다.
※ 두세 번 정도 반복해서 복습하고 완전히 알 때에만 O표를 한다.

★틀린 문제 : _____   ★다시 공부한 날 : _____

(1) 문제를 왜? 틀렸는지 곰곰이 생각하고 그 이유를 적어본다.

(2) 핵심 개념을 적는다.

(3) 자신이 몰랐던 단어와 숙어 표현이 있으면 정리한다.

(4) 해설집에서 필요한 부분을 골라 풀이 해법을 정리한다.

★틀린 문제 : _____   ★다시 공부한 날 : _____

(1) 문제를 왜? 틀렸는지 곰곰이 생각하고 그 이유를 적어본다.

(2) 핵심 개념을 적는다.

(3) 자신이 몰랐던 단어와 숙어 표현이 있으면 정리한다.

(4) 해설집에서 필요한 부분을 골라 풀이 해법을 정리한다.

★틀린 문제 : _____   ★다시 공부한 날 : _____

(1) 문제를 왜? 틀렸는지 곰곰이 생각하고 그 이유를 적어본다.

(2) 핵심 개념을 적는다.

(3) 자신이 몰랐던 단어와 숙어 표현이 있으면 정리한다.

(4) 해설집에서 필요한 부분을 골라 풀이 해법을 정리한다.

★틀린 문제 : _____   ★다시 공부한 날 : _____

(1) 문제를 왜? 틀렸는지 곰곰이 생각하고 그 이유를 적어본다.

(2) 핵심 개념을 적는다.

(3) 자신이 몰랐던 단어와 숙어 표현이 있으면 정리한다.

(4) 해설집에서 필요한 부분을 골라 풀이 해법을 정리한다.

1. 다음 빈칸에 알맞은 것을 고르시오.

> · This is Scott. _____ is my friend.

❶ He   ❷ These   ❸ It
❹ They   ❺ You

오답노트

2. 다음 빈칸에 들어갈 말이 바르게 짝지어진 것은?

> · Paris is a city.
>   → _____ is very beautiful.
> · My mom is a doctor.
>   → _____ is kind to patients.

❶ I – That   ❷ We – These   ❸ You – He
❹ It – She   ❺ She – It

오답노트

[3-5] 다음 문장의 빈칸에 들어갈 말로 알맞은 것을 고르시오.

3.
> A: Susan, _____ is my brother, Bob.
> B: Nice to meet you, Susan.

❶ this   ❷ that   ❸ it
❹ these   ❺ those

오답노트

4.
> A: Is this your bicycle?
> B: Yes, _____ is.

❶ that   ❷ they   ❸ this
❹ it   ❺ these

오답노트

5.
> Are _____ your books?

❶ this   ❷ that   ❸ these
❹ it   ❺ theme

오답노트

6. 다음 밑줄 친 용법과 같은 것을 고르시오.

> A: May I help you?
> B: I'm looking for a hair band.
> A: How about <u>this</u> one?
> B: I like the color. How much is it?
> A: It's five thousand won.

❶ <u>This</u> is a book.
❷ Is <u>that</u> a novel?
❸ Did you see <u>that</u> movie?
❹ Is <u>this</u> your computer?
❺ Are <u>those</u> your books?

오답노트

7. 다음 빈칸에 들어갈 알맞은 말을 고르시오.

> Minho : Parents' Day is tomorrow. Do you have a present for _____ mom and dad?
> Sujin : Not yet. How about you?

❶ my   ❷ your   ❸ hers
❹ his   ❺ their

오답노트

8. 다음 우리말과 뜻이 같도록 빈칸에 알맞은 말을 쓰시오.

> 캐시, 우리에게 자기 소개를 해 줄래요?
> = Would you introduce _____ to us, Kathy?

오답노트

[9-12] 밑줄 친 말을 대명사로 바꾸고자 한다. 빈칸에 알맞은 대명사를 쓰시오.

9. Kelly and I are best friends.   → _____

10. The magazines are on the table. → _____

11. Jason's house is on the hill.   → _____

12. Susan's feet smell very terrible. → _____

오답노트

13. 다음 밑줄 친 It의 쓰임이 <u>다른</u> 것은?

❶ <u>It</u> is Saturday.
❷ <u>It</u> is warm.
❸ <u>It</u> is 10 o'clock.
❹ <u>It</u> is his desk.
❺ <u>It</u> is sunny.

오답노트

14. 다음 괄호 속 우리말과 같은 뜻이 되도록 빈칸에 알맞은 말을 쓰시오.

> A: Is this her cell phone?
> B: No, it isn't. It is _____ cell phone.
> (그의 휴대폰이야.)

오답노트

15. 다음 우리말과 같은 뜻이 되도록 빈칸에 알맞은 말을 쓰시오.

> 그들은 그들 자신을 자랑스럽게 여겼다.
> = They felt proud of _____.

오답노트

16. 다음 대화의 빈칸에 알맞지 <u>않은</u> 것은?

> A: Whose laptop computer is this?
> B: _____

❶ It's mine.　　❷ Mi-na's.
❸ It is him.　　❹ It's Mary's.
❺ It's his.

17. 다음 밑줄 친 부분과 바꿔 쓸 수 있는 말로 알맞지 <u>않은</u> 것은?

❶ <u>Su-jin and Lisa</u> are good students. (= We)
❷ <u>The puppy</u> is very cute. (= It)
❸ <u>Your father</u> is a good teacher. (= He)
❹ <u>You and Mike</u> are good friends. (= You)
❺ <u>My sister</u> is very short. (= She)

18. 다음 빈칸에 들어갈 말이 바르게 짝지어진 것은?

> · This is the woman's cell phone. It is
>   her cell phone. This cell phone is ____.
> · This is Fred's puppy. It is his puppy.
>   The puppy is ____.

❶ his – hers　　❷ hers – his
❸ her – his　　❹ its – theirs
❺ hers – him

19. 다음 문장에서 주어를 강조할 때 빈칸에 들어갈 가장 적절한 말은?

> Computers _____ help us study alone.

❶ myself　　❷ yourself
❸ ourselves　　❹ themselves
❺ itself

20. 다음 밑줄 친 부분이 자연스러운 것은?

❶ I cut <u>yourself</u>.
❷ He helped <u>herself</u>.
❸ You can learn it by <u>yourself</u>.
❹ She looked at <u>himself</u> in the mirror.
❺ We enjoyed <u>themselves</u> at the party.

21. 다음 밑줄 친 부분 중 생략할 수 있는 것은?

❶ The man killed <u>himself</u>.
❷ Lucy looked at <u>herself</u> in the mirror.
❸ I want to do this game <u>myself</u>.
❹ You should take care of <u>yourself</u>.
❺ Many people enjoyed <u>themselves</u> in the park.

A. 다음 우리말을 영작할 때 빈칸에 알맞은 말을 쓰시오.

1. 그녀의 차는 빨간색이지만, 그들의 것은 회색이다.

= Her car is red, but _____ is gray.

2. 저 책은 그의 것이다.

= That book is _____.

B. 다음 우리말과 같은 뜻이 되도록 빈칸에 알맞은 대명사를 쓰시오.

1. 나는 낸시를 안다. 그녀는 밥의 부인이다.

= _____ know Nancy. _____ is Bob's wife.

2. 그는 톰이고, 그녀는 리사이다. 그들은 의사이다.

= _____ is Tom and _____ is Lisa. _____ are doctors.

3. 캐시와 나는 친구이다. 우리는 좋은 친구사이이다.

= Kathy and _____ are friends. _____ are good friends.

C. 다음 우리말과 일치하도록 주어진 단어를 이용해 빈칸에 알맞은 말을 쓰시오.

1. 이 지갑은 그의 것이다. (wallet)

= This _____.

2. 그녀는 그것의 디자인은 좋아하지 않는다. (design)

= She _____.

3. 이것은 너의 운동화니? (sneakers)

= Are _____?

D. 우리말과 같은 뜻이 되도록 괄호 안의 말을 이용하여 문장을 완성하시오.

1. 반 친구들에게 네 소개를 해주겠니? (introduce oneself)

= Can you _____ _____ to the class?

2. 그들은 모든 음식을 마음껏 먹었다. (help oneself)

= They _____ _____ to all the food.

출제의도 지시형용사, 소유형용사, 소유대명사
평가내용 대명사의 격을 바르게 사용하기

A. 〈보기〉와 같이 괄호 속 인칭대명사의 소유격과 소유대명사를 이용하여 문장을 완성하시오.

[서술형 유형 : 8점 / 난이도 : 중하]

| 보기 |  | A: Whose car is this? (they)
B: *It is their car.*
This car is theirs. |

1.

    A: Whose pencil is that? (he)

    B: _____

      _____

2.

    A: Whose digital camera is this? (she)

    B: _____

      _____

3.

    A: Whose cell phone is that? (I)

    B: _____

      _____

4.

    A: Whose book is this? (we)

    B: _____

      _____

평가영역	채 점 기 준	배 점
유창성(Fluency) & 정확성(Accuracy)	올바른 표현과 함께 정확하게 완성한 경우 (문법, 철자가 모두 정확한 경우)	4 × 2 = 8점
	소유형용사, 소유대명사를 바르게 사용하지 못한 경우	문항당 1점씩 감점
	내용과 전혀 일치하지 않거나 답을 기재하지 못한 경우	0점

출제의도　재귀대명사의 용법 및 이해
평가내용　재귀대명사로 문장 완성하기

B. 〈보기〉와 같이 주어진 질문에 알맞은 대답문을 재귀대명사를 이용하여 완성하시오.

[서술형 유형 : 10점 / 난이도 : 중상]

> 보
> 기
> A: Who drew this picture?
> B: Susan *drew it herself*.

1. A: Who did you pick up the trash with?

　　B: Nobody. _____.

2. A: Did you help John do his homework?

　　B: No, _____.

3. A: Did Brian have barber cut his hair?

　　B: No, _____.

4. A: Who told you that Jennifer was going to get married?

　　B: Jennifer _____.

5. A: Can you call Peter for me?

　　B: Sorry, why don't you _____?

평가영역	채 점 기 준	배 점
유창성(Fluency) & 정확성(Accuracy)	5개의 문장을 올바른 표현과 함께 정확하게 완성한 경우 (문법, 철자가 모두 정확한 경우)	5 x 2 = 10점
	문법, 철자, 시제, 재귀대명사가 틀린 경우	문항당 1점씩 감점
	내용과 전혀 일치하지 않거나 답을 기재하지 못한 경우	0점

출제의도 올바른 대명사의 격
평가내용 사람에 대해 간단히 묘사하기

C. 사진에 대한 정보와 알맞은 대명사를 이용하여 질문에 대한 대답을 완성하시오. [서술형 유형 : 12점 / 난이도 : 중상]

1.

Name : Tiffany
Where: in the bathroom
Age   : 20

A: This is my sister.
B: What's her name?
A: _____
B: Where is Tiffany?
A: _____
B: How old is she?
A: _____

2.

Name : Kevin, Nancy
Where: in the park
Age   : 15(Kevin), 14(Nancy)

A: They are my friends.
B: What are their names?
A: _____
B: Where are Kevin and Nancy?
A: _____
B: _____
A: Kevin is fifteen and Nancy is fourteen.

평가영역	채 점 기 준	배 점
유창성(Fluency) & 정확성(Accuracy)	6개의 문장을 올바른 표현과 함께 정확하게 완성한 경우 (문법, 철자가 모두 정확한 경우)	2 × 6 = 12점
	대명사를 바르게 사용하지 못한 경우	문항당 1점씩 감점
	내용과 전혀 일치하지 않거나 답을 기재하지 못한 경우	0점

Chapter 4

시제

Unit 01 일반동사

1-1 일반동사의 3인칭 현재 단수형

Jessica plays the piano every day.
제시카는 매일 피아노를 연주한다.

They eat breakfast every morning.
매일 아침 그들은 아침 식사를 한다.

01 일반동사는 be동사와 조동사를 제외한, 모든 **움직임이나 동작을 나타내는 동사**이다.

They are students. 그들은 학생이다. ▶ be동사 are는 주어의 동작을 설명하지 못함

They walk to school. 그들은 학교에 걸어간다. ▶ 일반동사 walk는 주어의 움직임이나 동작을 설명

02 **주어가 3인칭 단수**(He, She, Scott, Kelly, A dog, It 등)일 때 동사원형 뒤에 **-s나 -es를 붙인다.**

| I study English. | You study English. | We study English. | They study English. |
| 나는 영어를 공부한다. | 너는 영어를 공부한다. | 우리는 영어를 공부한다. | 그들은 영어를 공부한다. |

He studies English. She studies English. Scott studies English. Kelly studies English.
그는 영어를 공부한다. 그녀는 영어를 공부한다. 스콧은 영어를 공부한다. 켈리는 영어를 공부한다.

03 대부분 -s를 붙이지만 동사에 따라 -es, -ies를 붙이는 경우도 있다.

① -o, -s, -ch, -sh, -x로 끝나는 동사: -es를 붙임	go – goes do – does	watch – watches wash – washes	fix – fixes pass – passes
② 「자음 + y」로 끝나는 동사: y를 i로 고치고 -es를 붙임	try – tries fly – flies	study – studies	cry – cries
③ 「모음 + y」로 끝나는 동사: y 뒤에 -s를 붙임	play – plays say – says	buy – buys stay – stays	enjoy – enjoys
④ 불규칙 변형 동사	have – has		

서술형 기초다지기

정답 p. 10

Challenge 1 다음 주어와 어울리는 일반동사의 알맞은 형태를 쓰세요.

I / you / we / they	he / she / Peter
01. walk	_____
02. _____	brushes
03. watch	_____
04. play	_____
05. _____	finishes
06. study	_____
07. _____	has
08. try	_____
09. _____	does
10. fly	_____
11. _____	washes

Challenge 2 다음 괄호 안의 표현을 이용하여 완전한 문장으로 만드세요.

01. (Karen and Tom / play / computer games)

→ _____

02. (My dad / watch / DVDs)

→ _____

03. (Jane / read books / every day)

→ _____

1-2 일반동사의 과거형

Ten years ago, Sunny worked in a bank. (과거)
10년 전에 써니는 은행에서 일했다.

She works in a hospital. (현재)
그녀는 병원에서 일한다.

01 일반동사의 과거형은 **주어의 인칭에 관계없이 동사원형에 -(e)d를 붙이는 규칙 변화형**이 있고, **원래의 모양 자체가 변하는 불규칙 변화형**이 있다.

She listened to jazz music last night. 그녀는 어젯밤에 재즈음악을 들었다.
They watched a horror movie yesterday. 그들은 어제 공포영화를 봤다.

02 규칙적으로 변하는 과거형 만들기

① 대부분의 동사: 동사원형 뒤에 -ed를 붙임	show – showed help – helped visit – visited walk – walked want – wanted
② -e로 끝나는 동사: 동사원형 뒤에 -d를 붙임	like – liked live – lived love – loved dance – danced move – moved
③ 「자음 + y」로 끝나는 동사: y를 i로 고치고 -ed를 붙임	study – studied cry – cried try – tried worry – worried
④ 「모음 + y」로 끝나는 동사: y 뒤에 -ed를 붙임	play – played enjoy – enjoyed stay – stayed
⑤ 「단모음 + 단자음」으로 끝나는 동사: 자음을 한 번 더 쓰고 -ed를 붙임	stop – stopped drop – dropped plan – planned

서술형 기초다지기

정답 p. 10

Challenge 1 다음 동사의 과거형을 써 보세요.

01. finish → _____   02. walk → _____

03. stop → _____   04. play → _____

05. like → _____   06. want → _____

07. visit → _____   08. cry → _____

09. study → _____   10. enjoy → _____

11. drop → _____   12. arrive → _____

13. invent → _____   14. believe → _____

Challenge 2 다음 문장의 밑줄 친 동사를 알맞은 과거형으로 고쳐 써 보세요.

01. Peter listens to music.

→ He _____ to music yesterday.

02. They stay at home.

→ They _____ at home yesterday.

03. Laura talks on the phone.

→ She _____ on the phone yesterday.

04. My mom washes the dishes.

→ My mom _____ the dishes yesterday.

불규칙으로 변하는 과거동사

We ate apples this morning.
오늘 아침에 우리는 사과를 먹었다.

Lisa took pictures last weekend.
지난 주말에 리사는 사진을 찍었다.

01 동사원형에 -(e)d를 붙이지 않고 **자체의 과거(분사) 형태를 가지는 동사를 불규칙 변화 동사**라고 한다. 편의상 (A–B–C형), (A–B–B형), (A–A–A형)의 세 가지 유형으로 구분한다.

원형	과거형	과거분사형	원형	과거형	과거분사형
A	B	C	A	B	B
begin 시작하다	began	begun	find 발견하다	found	found
do 하다	did	done	get 얻다	got	got(ten)
drive 운전하다	drove	driven	have 가지다	had	had
eat 먹다	ate	eaten	hear 듣다	heard	heard
fall 떨어지다	fell	fallen	keep 유지하다	kept	kept
give 주다	gave	given	lose 잃다	lost	lost
go 가다	went	gone	meet 만나다	met	met
grow 자라다	grew	grown	say 말하다	said	said
make 만들다	made	made	sit 앉다	sat	sat
ride 타다	rode	ridden	sleep 자다	slept	slept
see 보다	saw	seen	teach 가르치다	taught	taught
sing 노래하다	sang	sung	tell 말하다	told	told
speak 말하다	spoke	spoken	think 생각하다	thought	thought
swim 수영하다	swam	swum	A	A	A
take 가져가다	took	taken	hit 치다	hit	hit
A	B	B	hurt 다치게 하다	hurt	hurt
bring 가져오다	brought	brought	let 허락하다	let	let
build 짓다	built	built	put 놓다	put	put
buy 사다	bought	bought	read 읽다※	read	read
feel 느끼다	felt	felt	set 놓다	set	set

※ read의 과거형과 과거분사형의 발음은 [red]이다.

84

서술형 기초다지기

정답 p. 10

Challenge 1   다음 동사의 과거형과 과거분사형을 쓰세요.

	과거	과거분사			과거	과거분사
01. buy	_____	_____	**02.** go	_____	_____
03. make	_____	_____	**04.** fall	_____	_____
05. find	_____	_____	**06.** grow	_____	_____
07. eat	_____	_____	**08.** lose	_____	_____
09. take	_____	_____	**10.** think	_____	_____
11. see	_____	_____	**12.** hit	_____	_____
13. read	_____	_____	**14.** begin	_____	_____
15. give	_____	_____	**16.** sleep	_____	_____
17. have	_____	_____	**18.** meet	_____	_____

Challenge 2   다음 괄호 안의 표현을 이용하여 빈칸을 완성하세요.

01. I _____ at 10:00 yesterday.
        (go to bed)

02. John _____ yesterday.
        (do the laundry)

03. She _____ in this room yesterday.
        (find her shoes)

04. My dad _____ last year.
        (begin his work)

1-4 일반동사의 부정문

He doesn't like her.
그는 그녀를 좋아하지 않는다.

Jennifer didn't walk to school yesterday.
제니퍼는 어제 학교에 걸어가지 않았다.

01 현재형의 부정문은 「do[does] not + 동사원형」, 과거형의 부정문은 「did not + 동사원형」을 쓴다. 일상 영어에서는 줄임말(don't, doesn't, didn't)을 많이 쓴다.

I don't watch TV very often. 나는 TV를 자주 보지 않는다.
I didn't watch TV yesterday. 나는 어제 TV를 보지 않았다.

02 주어가 3인칭 단수가 아닌 I, We, You, They 등의 **복수 명사인 경우에는 모두 don't(=do not)**를 쓴다.

We don't have classes on weekends. 우리는 주말에 수업이 없다.
I don't know her name. 나는 그녀의 이름을 모른다.
They don't drink coffee. 그들은 커피를 마시지 않는다.

03 주어가 **3인칭 단수** She, He, It, Tom인 경우에는 **doesn't(=does not)**를 쓴다.

My dad doesn't get up early on Sunday. 우리 아빠는 일요일에 일찍 일어나지 않는다.
She doesn't listen to rock music. 그녀는 록 음악을 듣지 않는다.
This MP3 player doesn't work. 이 MP3 플레이어는 작동하지 않는다.

04 **시제가 과거인 경우**에는 주어의 인칭에 관계없이 모두 **didn't(=did not)**를 쓴다.

He didn't meet Kathy yesterday. 그는 어제 캐시를 만나지 않았다.
They didn't do the laundry yesterday. 그들은 어제 빨래를 하지 않았다.
I didn't finish my homework. 나는 숙제를 끝내지 않았다.

※ 3인칭 단수 주어에 쓰이는 일반동사 does와 has의 부정은 각각 doesn't[didn't] + do, doesn't[didn't] + have이다.
　여기서 앞의 doesn't와 didn't는 부정문을 만드는 조동사이고 뒤의 do나 have가 본동사이다.
She does the dishes. 그녀는 설거지를 한다.　→ She doesn't do the dishes. 그녀는 설거지를 하지 않는다.
He had a nice car. 그는 멋진 차가 있었다.　→ He didn't have a nice car. 그는 멋진 차가 없었다.

서술형 기초다지기

Challenge 1 다음 문장을 부정문으로 고쳐 쓰세요.

01. I have a girlfriend. → _____

02. He plays basketball. → _____

03. Lisa watches TV. → _____

04. Kevin lives in Seoul. → _____

05. She studies English hard. → _____

06. This cell phone works. → _____

Challenge 2 다음 상황에 맞게 일반동사의 부정문으로 완성해 보세요.

01. The children _____ _____ baseball yesterday.
    They played soccer yesterday.

02. Karen and Laura _____ _____ _____ at 6:00 yesterday.
    They got up at 9:00.

03. My dad and I _____ _____ to the zoo yesterday.
    We went to the park.

04. Kelly and Sunny _____ _____ pizza yesterday.
    They ate hamburgers.

1-5 일반동사의 Yes/No 의문문

A: Does she jog every morning?
그녀는 매일 아침 조깅을 하니?
B: Yes, she does. 응, 그래.

A: Did you finish your homework?
숙제를 다 했니?
B: Yes, I did. 네, 했어요.

---

01 일반동사의 의문문은 Do[Does] 또는 Did를 문장 맨 앞으로 보내고 물음표를 붙인다.

시제	인칭, 수	의문문	대답	
현재	I / You / We / They	Do you ~?	Yes, I do.	No, I don't.
	He / She / It 등 3인칭 단수	Does he ~?	Yes, he does.	No, he doesn't.
과거	모든 주어	Did she ~?	Yes, she did.	No, she didn't.

02 「Do + 주어 + 동사원형 ~?」은 시제가 현재이며 주어가 3인칭 단수가 아닌(I, We, You, They, 모든 복수 명사) 경우에 쓴다. **주어가 3인칭 단수(She, He, It, Tom)인 경우에는 Does**를 쓴다.

　　　You **have** a digital camera. 너는 디지털 카메라를 갖고 있다.
→ Do you have a digital camera? 너는 디지털 카메라를 갖고 있니?

　　　Jane **drinks** coffee every morning. 제인은 매일 아침 커피를 마신다.
→ Does Jane **drink** coffee every morning? 제인은 매일 아침 커피를 마시니?
　　▶ Does가 3인칭 단수를 나타내므로 drinks가 아닌 동사원형(drink)을 그대로 써준다.

03 과거를 나타낼 때는 **주어가 무엇이든 관계없이 Did**를 문장 맨 앞으로 보내어 「Did + 주어 + 동사원형 ~?」으로 쓴다. 이때 **주어 뒤에는 반드시 동사원형**을 쓴다.

　　　She **went** to the party last night. 그녀는 어젯밤에 파티에 갔다.
→ Did she **go** to the party last night? 그녀는 어젯밤에 파티에 갔었니?

04 **의문문에 대한 대답은 do(es), did로** 한다. Yes, I do. / No, I don't.처럼 짧게 대답할 수도 있고, Yes/No 뒤에 문장을 길게 붙여서 말할 수도 있다.

Do you learn yoga these days? 요즘 요가를 배우니?
→ Yes, I do. / Yes, I learn yoga these days. 응. / 응, 요즘 요가를 배워.

Did Nancy pass the test last year? 낸시가 작년에 그 시험에 합격했니?
→ No, she didn't. / No, she didn't pass the test. 아니. / 아니, 시험에 합격하지 못했어.

서술형 기초다지기

Challenge 1 다음 문장을 의문문으로 고치세요.

01. Karen had a party yesterday. → _____

02. You know Jane and Bob very well. → _____

03. He has a lot of books. → _____

04. It rains a lot in the summer. → _____

05. They watched the movie on TV. → _____

06. She took a tennis lesson yesterday morning. → _____

Challenge 2 다음 괄호 안의 표현을 이용하여 질문에 대한 대답을 완성하세요.

> 보기
>
> A: Did the girls watch TV?
> B: No, _they didn't_. _They read a book_.
> (read / a book)

01. A: Did she cook dinner?

B: No, _____. _____.
(take / a shower)

02. A: Does she wash the dishes?

B: No, _____. _____.
(brush / her teeth)

03. A: Did the children play soccer?

B: No, _____. _____.
(play / basketball)

Unit 02 시제

2-1 현재시제와 과거시제의 의미

Sunny drinks milk every day.
써니는 매일 우유를 마신다.

We visited Seoul last year.
우리는 작년에 서울을 방문했다.

01 현재시제는 '**늘, 항상 반복되는 동작, 일상적인 습관**'을 나타내거나 '**현재의 성질, 불변의 사실**' 등을 나타낼 때 쓴다.

I brush my teeth three times a day. 나는 하루에 3번 이를 닦는다. ▶ 습관
Jane goes to Seattle twice a month. 제인은 한 달에 두 번 시애틀에 간다. ▶ 반복
Water boils at 100 degrees Celsius. 물은 100℃에서 끓는다. ▶ 사실
The Nile is the longest river in the world. 나일강은 세계에서 가장 긴 강이다. ▶ 사실

02 **과거시제는 과거에 시작된 동작이나 상태가 과거에 이미 끝난 것**을 나타낸다. 현재와는 아무런 관련이 없다.

I was very tired last night. 나는 어젯밤에 너무 피곤했다.
We walked to school yesterday. 우리는 어제 학교에 걸어갔다.

03 **역사적 사실**은 과거시제로 쓴다.

The Korean War broke out in 1950. 한국전쟁은 1950년에 일어났다.
Yu-na Kim won the gold medal in women's figure skating in the 2010 Winter Olympics.
김연아가 2010 동계올림픽 여자 피겨 스케이팅에서 금메달을 땄다.

04 과거시제는 주로 과거를 명확히 나타내는 yesterday, last week[year, month], 「in + 과거 연도」, then, ago 등과 함께 쓴다. 현재시제는 주로 every day, every Saturday, on Saturdays, once a week[day, month, year] 등과 자주 쓰인다.

We played tennis yesterday. 우리는 어제 테니스를 쳤다.
We eat breakfast at 8:00 every day. 우리는 매일 8시에 아침을 먹는다.

서술형 기초다지기

Challenge 1 다음 괄호 안의 동사를 알맞은 시제로 고쳐 쓰세요.

01. Tiffany _____ to Busan a year ago. (move)

02. The moon _____ around the sun. (move)

03. They _____ soccer last Saturday. (play)

04. Columbus _____ America in 1492. (discover)

05. We _____ lunch at an Italian restaurant yesterday. (eat)

Challenge 2 다음 문장을 읽고 알맞은 시제의 동사를 쓰세요.

01. Every day I walk. Yesterday I _____.

02. Every night Paul _____ TV. Last night he watched TV.

03. Every week it rains. Last week it _____.

04. Every day Tom listens to music. Yesterday he _____ to music.

Challenge 3 다음 표의 내용과 일치하도록 알맞은 말을 쓰세요.

Name	Every Day	Yesterday
Kevin	study for an English test	play badminton with friends
Lisa	talk on the phone	meet her friends

01. Kevin _____ for an English test every day.

02. Every day Lisa _____ on the phone.

03. Kevin _____ badminton with friends yesterday.

04. Lisa _____ her friends yesterday.

2-2 현재진행시제와 과거진행시제

Kelly was sleeping at 10:00 yesterday. (과거진행)
켈리는 어제 10시에 자고 있었다.

Kelly is listening to music now. (현재진행)
켈리는 지금 음악을 듣고 있다.

01 진행시제는 **말하는 순간, 보고 있는 그 순간에 진행 중인 동작이나 행동**을 나타낸다.

① 현재진행시제 (~하고 있다): be동사의 현재형(am, is, are) + V-ing
   They are studying in the library. 그들은 도서관에서 공부하고 있다.

② 과거진행시제 (~하고 있었다): be동사의 과거형(was, were) + V-ing
   The students were sitting in class at 2:00 yesterday. 그 학생들은 어제 2시에 교실에 앉아 있었다.

02 진행시제의 부정문과 의문문

① 부정문 (~하고 있지 않다/않았다): **모든 be동사 뒤에 not**만 붙이면 된다.
   She wasn't playing the guitar. 그녀는 기타를 연주하고 있지 않았다.

② 의문문: **모든 be동사를 문장 앞으로 보내고** 물음표를 붙인다. 대답은 be동사로 한다.
   Were they having lunch together? 그들은 함께 점심을 먹고 있었니? − Yes, they were. 응, 그래.

③ 동사의 진행형 만들기

1) 대부분의 동사원형: 　-ing를 붙임	play − playing　　read − reading　　work − working eat − eating　　study − studying
2) -e로 끝나는 동사: 　-e를 없애고 -ing를 붙임	love − loving　　come − coming　　take − taking write − writing　　make − making　　save − saving
3) 「단모음 + 단자음」으로 끝나는 1음절 동사: 　자음을 한 번 더 쓰고 -ing를 붙임	run − running　　stop − stopping　　plan − planning sit − sitting　　swim − swimming
4) -ie로 끝나는 동사: 　-ie를 y로 고치고 -ing를 붙임	die − dying　　lie − lying　　tie − tying

서술형 기초다지기

Challenge 1   다음 동사의 진행형을 쓰세요.

원형	진행형		원형	진행형
01. see → _____			**02.** play → _____	
03. swim → _____			**04.** walk → _____	
05. stop → _____			**06.** sit → _____	
07. write → _____			**08.** lie → _____	
09. make → _____			**10.** wait → _____	
11. do → _____			**12.** go → _____	
13. run → _____			**14.** listen → _____	

Challenge 2   다음 괄호 안의 동사를 이용하여 현재진행형 문장을 완성하세요.

01. She _____ an apple.
          (eat)

02. They _____ on the sofa.
          (sit)

03. We _____ for a bus.
          (wait)

Challenge 3   다음 문장을 부정문 또는 의문문으로 바꿔 쓰세요. (의문문은 대답도 완성하기)

01. Kelly is learning yoga. (의문문)

→ _____   – No, _____.

02. She was taking off her socks. (의문문)

→ _____   – No, _____.

03. Dennis was painting the door. (의문문)

→ _____   – Yes, _____.

04. They are taking a walk in the park. (부정문)

→ _____

미래를 나타내는 시제

These shoes are very cheap. I will buy them.
신발이 아주 싸다. 난 이 신발을 살 거야.

I am going to watch TV tonight.
나는 오늘 밤에 TV를 볼 거야.

---

01 미래를 나타내는 will은 동사 앞에 붙어서 '~일 것이다, ~할 것이다'라는 의미이다. will은 **앞으로의 일을 단순 예측**하거나, **미래의 일에 대해서 순간적으로 결정할 때** 사용한다.

He will be a great artist. 그는 훌륭한 예술가가 될 거야.
We will visit her house next Monday. 다음 주 월요일에 우리는 그녀의 집을 방문할 거야.

02 **부정문은 will 뒤에 not**을 쓰되 won't로 줄여 쓸 수 있다. Yes/No 의문문은 **will을 문장 맨 앞으로** 보내어 의문문을 만들고 will로 대답한다.

I won't study Japanese. 나는 일본어를 공부하지 않을 거야. ▶ won't = will not
Will Peter be home this evening? 피터가 오늘 저녁에 집에 올 거니?
– Yes, he will. 응, 그럴 거야. / No, he won't. 아니, 그렇지 않을 거야.

03 be going to로도 미래를 나타내는데 '~하려고 하다, ~할 것이다'의 뜻이다. **이미 어떤 일을 하기로 마음의 결정을 내린 일**을 말할 때 쓴다. 또는 말하는 사람의 마음과 관계없이 **뻔히 일어날 상황**을 말할 때도 쓴다.

Nancy is going to sell her car. 낸시는 그녀의 차를 팔려고 해.
Look at the sky! It's going to rain. 하늘을 봐! 곧 비가 내릴 거 같아.

04 부정문은 **be동사 바로 뒤에 not**을 쓴다. Yes/No 의문문은 **be동사를 문장 맨 앞으로** 보내어 의문문을 만들고 be동사로 대답한다.

Are you going to go to the party? 파티에 갈 거니?
– Yes, I am. 응, 그래. / No, I'm not. 아니.

Is Tom going to meet Jane tomorrow? 톰이 내일 제인을 만날 거니?
– Yes, he is. 응, 그래. / No, he isn't. 아니.

서술형 기초다지기

정답 p. 11

Challenge 1 다음 문장을 부정문과 의문문으로 바꾸고 대답도 쓰세요.

01. He will invite his friend.

부정문: _____

의문문: _____ Yes, _____.

02. Peter is going to read the books tomorrow.

부정문: _____

의문문: _____ No, _____.

03. She will take care of her younger sister.

부정문: _____

의문문: _____ No, _____.

04. They are going to eat a potato pizza.

부정문: _____

의문문: _____ Yes, _____.

Challenge 2 〈보기〉와 같이 질문에 대한 알맞은 대답을 괄호 안의 단어를 이용하여 완성하세요.

> 보기
>
> A: Do you have any plan for tonight?
> B: *I'm going to study Japanese (tonight).*
>   (study / Japanese)

01. A: What are they doing this Saturday?

B: _____
   (play / tennis)

02. A: Does she have any plan for tonight?

B: _____
   (watch / a horror movie)

2-4 미래를 나타내는 현재와 현재진행시제

There is a meeting at 9 tomorrow morning.
내일 아침 9시에 회의가 있다.

Lisa is flying to New York in two hours.
리사는 2시간 후에 뉴욕으로 갈 거야.

01 **정해진 계획과 일정에는 현재진행형이 미래를 나타낼 수 있다.** 주로 움직임을 나타내는 come, go, stay, arrive, leave나 교통수단을 나타내는 fly, walk, ride, drive, take 등이 자주 쓰인다.

A: What are you doing tonight? 오늘 밤에 무엇을 할 거니?
B: I'm seeing a movie with my family. 가족과 함께 영화를 볼 거야. ▶ I'm going to see ~라고 해도 무방

Steve is leaving for Seattle next week. 스티브는 다음 주에 시애틀로 떠날 거야.

02 **정해진 계획과 일정에 쓰는 현재진행은 be going to와 같은 뜻**이다. 단, 정해진 일정이 아닌 단지 미래를 예상하는 일에는 진행형을 쓰지 않고, will이나 be going to를 써야 한다.

We are having a party next weekend.
= We are going to have a party next weekend. 우리는 다음 주말에 파티를 할 거야.

03 기차/비행기/영화/공연 시간표와 같이 **확실히 정해진 일정에는 현재시제가 미래를 나타낸다.** 단, 개인(사람)의 정해진 일정에는 현재시제로 쓰지 않는다.

The next train to Seoul leaves at 5:00 p.m. tomorrow. 서울로 가는 다음 기차는 내일 오후 5시에 출발한다.
The baseball game starts at 6:00 tomorrow. 야구 경기는 내일 6시에 시작한다.

04 when, after, before로 시작하는 시간의 부사절이나, if로 시작하는 조건의 부사절에서는 **현재시제를 써서 미래를 나타낸다.**

After they graduate from university, they will get a good job.
대학을 졸업한 후에, 그들은 좋은 직업을 갖게 될 것이다.
If the weather is nice tomorrow, we'll go fishing. 내일 날씨가 좋다면, 우리는 낚시하러 갈 것이다.

서술형 기초다지기

정답 p. 11

Challenge 1　다음 표현을 현재시제를 사용하여 미래를 나타내는 문장으로 만드세요.

01. The concert _____. (begin / at 2:00 / tomorrow)

02. _____. (my plane / leave / at 7:00 / tonight)

Challenge 2　다음은 이번 주 토요일 일정이다. 괄호 안의 표현을 이용하여 현재진행형으로 답하세요.

01. What is Dennis doing this Saturday?
　→ He _____. (read / a book)

02. What are Jane and Bob doing this Saturday?
　→ They _____. (go / to the movie theater)

03. What is Lisa doing this Saturday?
　→ She _____. (play / basketball)

Challenge 3　다음 괄호 안의 단어 중에서 알맞은 것을 고르세요.

01. After I (do / did) my homework tonight, I'm going to go to bed.

02. After I (do / did) my homework last night, I went to bed.

03. We'll go out when it (stops / stopped) raining.

04. If the weather (is / was) nice tomorrow, we'll go hiking.

01 출제 100 % - 3인칭 단수 주어에 따른 동사를 조심하라.

 출제자의 눈 가장 기본적인 문제로 3인칭 단수 주어를 주고 알맞은 동사의 형태를 고르거나 쓸 줄 아는지를 물어본다. 특히 동사의 복수형을 주고, 주어 자리에 1인칭, 2인칭, 3인칭 복수(they) 주어를 고르는 역발상 문제도 출제된다. 특히, 부정문과 의문문에서는 주어가 3인칭 단수라고 하더라도 동사는 원형을 써야 한다.

Ex 1.

동사의 3인칭 단수형이 바르게 연결된 것은?

(a) study – studys   (b) have – have

(c) watch – watches   (d) know – knowes

Ex 2.

빈칸에 알맞지 <u>않은</u> 것은?

Karen _____ every day.

(a) watches TV   (b) helps her mother   (c) take a walk in the park

02 출제 100 % - 현재와 과거를 알려주는 힌트를 잡아라!

 출제자의 눈 일반동사의 현재와 과거의 형태를 묻는 문제, 특히 과거동사의 불규칙 형태를 묻는 문제가 가장 흔하게 출제된다. 과거시제는 yesterday, ago, last night[week], 「in + 과거연도」 등과 자주 쓰이고, 현재시제는 every day, every Saturday, on Saturdays, next, once a week[day, month, year] 등과 자주 쓰인다. 동사의 시제를 주고 위의 표현을 고르는 문제도 출제된다. 의문문에 대한 올바른 대답을 쓸 줄 아는지와 의문문과 부정문을 만들 때 동사는 항상 원형을 써야 한다는 것도 절대 잊지 말자.

Ex 3.

빈칸에 알맞지 <u>않은</u> 것은?

I _____ last week.

(a) bought a book   (b) was in Egypt   (c) go to the zoo

Ex 4.

다음 물음에 알맞은 대답은?

Does Susan live in Seoul?

(a) Yes, he live.   (b) No, she is.   (c) Yes, she does.   (d) No, she didn't.

03 출제 100% - 가장 기본이 되는 현재/과거/미래시제

출제자의 눈 우리말 또는 단어를 주고 현재/과거진행형을 부분 영작하는 주관식 문제가 출제된다. 진행형에서 주어에 따른 be동사를 바르게 쓸 줄 아는지도 묻는다. 무엇보다 현재/과거/미래시제를 구별할 줄 아는지를 묻는 문제가 나올 가능성이 높다.

Ex 5.

빈칸에 알맞은 것은?

The birds _____ outside the window now.

(a) are singing   (b) sang   (c) is singing   (d) sings

Ex 6.

빈칸에 들어갈 알맞은 것은?

Last Saturday Lisa and I _____ to the movie theater. We _____ a horror movie.

(a) go - watches   (b) went - watched   (c) goes - will watch

04 출제 100% - will과 be going to의 쓰임에는 차이가 있다.

출제자의 눈 will과 be going to 뒤에는 반드시 동사원형을 쓴다. 특히 개인의 정해진 일정에는 be going to나 현재진행형으로 미래를 나타낸다. 정해진 일정에는 will을 쓰지 않는다. 현재 진행 중인 동작을 나타내는 현재진행형과, 미래를 나타내는 진행형을 구별할 줄 아는지를 묻는 문제도 출제되는데 미래를 나타내는 진행형 뒤에는 미래를 표시하는 어구들이 나온다. 미래를 나타내는 표현들을 이용해 부분 영작하는 주관식 문제도 대비하자.

Ex 7.

빈칸에 알맞은 것은?

I think it's going to rain _____.

(a) tonight   (b) last night   (c) yesterday   (d) the day before yesterday

Ex 8.

다음 물음에 알맞은 대답은?

A: What are you doing this Sunday?

B: _____

(a) I'm drawing a picture now.   (b) I'm good at playing soccer.

(c) I was writing a letter.   (d) I'm meeting Alex.

1. 다음 중 미래를 표현하는 문장이 <u>아닌</u> 것은?

❶ It will snow heavily this winter.
❷ My mom is washing the dishes now.
❸ Are you going to go shopping this Saturday?
❹ The airplane arrives at 10 tonight.
❺ Will you be home tonight?

2. 다음 밑줄 친 부분의 쓰임이 <u>잘못된</u> 것은?

❶ <u>Do</u> you drive a car?
❷ <u>Do</u> the boys play soccer?
❸ We <u>don't</u> have classes on Saturdays.
❹ Sunny <u>doesn't</u> live in Seoul.
❺ Kevin and Linda <u>doesn't</u> know the truth.

3. 다음 빈칸에 들어갈 말로 알맞은 것은?

_____ goes to the park.

❶ They　　❷ We　　❸ You
❹ The children　　❺ She

4. 다음 동사의 3인칭 단수형이 <u>잘못된</u> 것은?

❶ live – lives
❷ watch – watches
❸ play – plaies
❹ have – has
❺ cry – cries

5. 다음 대화의 빈칸에 알맞을 말을 고르시오.

A: Do you like the movie?
B: _____ It's boring.

❶ Yes, I do.　　❷ No, I'm not.
❸ No problem.　　❹ No, I don't.
❺ Yes, I am.

[6-7] 다음 표현을 이용하여 진행형 문장을 완성하시오.

6. 그녀는 연필을 줍고 있다. (pick up, her pencil)
→ _____

7. 그들은 저녁을 먹고 있었다. (have dinner)
→ _____

8. 다음 대화의 빈칸에 들어갈 말이 바르게 짝지어진 것은?

A: What _____ you doing at 9:00 yesterday?
B: I _____ cleaning my room.

❶ are – am　　❷ was – was
❸ were – were　　❹ were – was
❺ were – am

9. 다음 빈칸에 들어갈 수 있는 것은?

We are watching a DVD movie _____.

❶ last week　　❷ at that time
❸ yesterday　　❹ next Sunday
❺ three days ago

오답 노트 만들기

★틀린 문제 : _____   ★다시 공부한 날 : _____

(1) 문제를 왜? 틀렸는지 곰곰이 생각하고 그 이유를 적어본다.

(2) 핵심 개념을 적는다.

(3) 자신이 몰랐던 단어와 숙어 표현이 있으면 정리한다.

(4) 해설집에서 필요한 부분을 골라 풀이 해법을 정리한다.

★틀린 문제 : _____   ★다시 공부한 날 : _____

(1) 문제를 왜? 틀렸는지 곰곰이 생각하고 그 이유를 적어본다.

(2) 핵심 개념을 적는다.

(3) 자신이 몰랐던 단어와 숙어 표현이 있으면 정리한다.

(4) 해설집에서 필요한 부분을 골라 풀이 해법을 정리한다.

★틀린 문제 : _____   ★다시 공부한 날 : _____

(1) 문제를 왜? 틀렸는지 곰곰이 생각하고 그 이유를 적어본다.

(2) 핵심 개념을 적는다.

(3) 자신이 몰랐던 단어와 숙어 표현이 있으면 정리한다.

(4) 해설집에서 필요한 부분을 골라 풀이 해법을 정리한다.

★틀린 문제 : _____   ★다시 공부한 날 : _____

(1) 문제를 왜? 틀렸는지 곰곰이 생각하고 그 이유를 적어본다.

(2) 핵심 개념을 적는다.

(3) 자신이 몰랐던 단어와 숙어 표현이 있으면 정리한다.

(4) 해설집에서 필요한 부분을 골라 풀이 해법을 정리한다.

1. 다음 중 동사의 과거형이 바른 것은?

① write – writed
② go – goed
③ fly – flyed
④ study – studied
⑤ visit – visitd

오답노트

[2-3] 다음 중 동사의 과거형이 바르지 않은 것은?

2.
① have – had
② stop – stopped
③ help – helped
④ become – become
⑤ write – wrote

오답노트

3.
① move – moved
② enjoy – enjoied
③ give – gave
④ take – took
⑤ begin – began

오답노트

4. 다음 빈칸에 들어갈 말로 알맞지 않은 것은?

They played basketball _____.

① last weekend
② this afternoon
③ an hour ago
④ next Friday
⑤ the day before yesterday

오답노트

[5-7] 다음 빈칸에 동사의 알맞은 시제를 쓰시오.

5. 어제 민호는 서윤이를 위해 책을 샀다. (buy)
= Yesterday Min-ho _____ a book for Seo-yoon.

6. 나는 어제 Tom을 만났다. (meet)
= I _____ Tom yesterday.

7. Dick은 콘서트에 갔다. (go)
= Dick _____ to the concert.

오답노트

8. 다음 빈칸에 들어갈 수 없는 표현을 고르시오.

A: What did you do yesterday?
B: I _____.

① studied math at home
② watched some DVDs
③ played soccer with friends
④ helped my mom
⑤ was playing table tennis

오답노트

9. 다음 빈칸에 알맞은 것을 고르시오.

I _____ get up early this morning.

① doesn't
② didn't
③ don't
④ was not
⑤ not

오답노트

[10-12] 다음 문장을 현재진행형으로 고쳐 쓰시오.

10. He plays the guitar.

→ _____

11. She reads an English book.

→ _____

12. Tom and Jane go to the museum.

→ _____

오답노트

[13-14] 다음 글을 읽고 물음에 답하시오.

> Friday, July 3, Rainy
>
> It rained today. I (① be) very tired last night, and I got up late this morning. I hurried to the bus stop. But I (② miss) the school bus and ran to school. I was late for school. It was a _____ day.

13. 윗글의 ①, ②에 주어진 단어를 올바른 형태로 바꾸어 쓰시오.

❶ _____   ❷ _____

14. 글의 흐름상 윗글의 빈칸에 들어갈 말로 적절한 것은?

❶ happy   ❷ wonderful
❸ terrible   ❹ beautiful
❺ any

오답노트

15. 다음 빈칸에 들어갈 말이 순서대로 짝지어진 것은?

> · She _____ green tea every morning.
> (그녀는 아침마다 녹차를 마신다.)
> · She _____ green tea this morning.
> (그녀는 오늘 아침에 녹차를 마셨다.)

❶ drinks – drink   ❷ drank – drinks
❸ drinks – drank   ❹ drank – drank
❺ drinks – drinks

오답노트

16. 다음 밑줄 친 부분의 쓰임이 나머지 넷과 <u>다른</u> 것은?

❶ She is making a plan for her future.
❷ He is painting the house.
❸ They are sitting on the sofa.
❹ Sunny is taking a bath now.
❺ We are leaving for Thailand this evening.

오답노트

17. 다음 표의 내용과 일치하는 것을 고르시오.

	Yesterday	Tomorrow
Steve	meet friends	read a novel
Nancy	wash the dishes	study Japanese
Peter	play tennis	go swimming

❶ Steve read a novel yesterday.
❷ Nancy is going to study Japanese.
❸ Peter is going to play tennis.
❹ Steve is going to meet friends.
❺ Nancy washes the dishes.

[18-19] 다음 문장의 빈칸에 들어갈 알맞은 동사의 형태를 고르시오.

18.

> Every day she gets up in the morning, and _____ up trashes in front of her house.

❶ picks   ❷ pick   ❸ picked
❹ poke   ❺ pickes

19.

> A: What time will you phone me tomorrow?
> B: I'll call you when I _____ home from work.

❶ will get   ❷ got   ❸ gotten
❹ gets   ❺ get

오답노트

20. 다음 빈칸에 들어갈 말이 바르게 짝지어진 것은?

> · The next train _____ at 5:00 p.m. tomorrow.
> · If it _____ tomorrow, I won't go to see the baseball game.

❶ leave – rain   ❷ leave – will rain
❸ leaves – rains   ❹ will leave – rains
❺ will leave – will rain

오답노트

21. 다음 중 미래시제를 포함하고 있지 않은 문장은?

❶ It will rain this weekend.
❷ I am going to the bank now.
❸ I am going to visit my uncle.
❹ She will be fifteen years old next year.
❺ What are you going to do tonight?

오답노트

22. 다음 중 빈칸에 공통으로 들어갈 말은?

> · Jason _____ dinner at 6 o'clock every day.
> · Lisa _____ a party for her husband.

❶ has   ❷ watches   ❸ eats
❹ have   ❺ does

오답노트

23. 우리말과 같은 뜻이 되도록 주어진 단어를 이용하여 영작하시오.

> 이번 주말에 영화 보러 갈 거니?
> A: _____
>   this weekend? (go to the movies)
> B: No, I'm not.

오답노트

A. 다음 사진을 보고 빈칸에 주어진 동사의 과거형 또는 부정형을 쓰시오.

1.

We _____ swimming yesterday. (go)
We _____ on a picnic. (go)

2.

Sunny and Bob _____ in the sea. (swim)
They _____ on a kayak. (get)

3.

We _____ our bicycles to school yesterday. (ride)
We _____. (walk)

B. 다음 사진을 참고하여 빈칸에 과거진행형 문장을 쓰시오.

1.

9:00 p.m.

Now it is 10:00. Jessica is watching TV.
At 9:00 she _____ her teeth.

2.

8:00 p.m.

Now it is 11:00. Nancy is doing her homework.
At 8:00 she _____ to music.

3.

7:00 p.m.

Now it is 7:30. Kelly is walking to school.
At 7:00 she _____ breakfast.

실전 서술형 평가문제

 출제의도 동사의 현재형과 과거형
평가내용 주어진 표를 보고 일반동사의 현재형과 과거형 완성하기

A. 다음 표의 내용과 일치하도록 빈칸에 알맞은 말을 쓰시오.　　　　　　　[서술형 유형 : 10점 / 난이도 : 중하]

	Yesterday	Every day
Tiffany	update her mini homepage	go to a dance class
Peter	go skateboarding	watch DVDs
Jessica	make model planes	read a newspaper

> **보기**　Tiffany _goes to a dance class_ every day.

1. Peter _____ yesterday.

2. Jessica _____ yesterday.

3. Tiffany _____ yesterday.

4. Peter _____ every day.

5. Jessica _____ every day.

평가영역	채 점 기 준	배 점
유창성(Fluency) & 정확성(Accuracy)	5개의 문장을 올바른 표현과 함께 정확하게 완성한 경우(문법, 철자가 모두 정확한 경우)	5 × 2 = 10점
	문법, 철자, 시제가 1개씩 틀린 경우	문항당 1점씩 감점
	내용과 전혀 일치하지 않거나 답을 기재하지 못한 경우	0점

출제의도 **현재진행형**

평가내용 진행형 시제를 이용하여 의문문과 대답 완성하기

B. 〈보기〉와 같이 사진의 내용과 일치하도록 주어진 단어와 진행시제를 이용하여 의문문과 대답을 영작하시오.

[서술형 유형 : 6점 / 난이도 : 중상]

<table>
<tr><td rowspan="2">보
기</td><td rowspan="2">

he / paint / the car
→ the house</td><td>A: Is he painting the car?</td></tr>
<tr><td>B: No, he isn't. He is painting the house.</td></tr>
</table>

1.

A: _____ ?

B: _____

she / sit → walk

2.

A: _____ ?

B: _____

the girl / read / a
magazine → a book

3.

A: _____ ?

B: _____

they / watch / TV
→ a movie

평가영역	채 점 기 준	배 점
유창성(Fluency) & 정확성(Accuracy)	올바른 표현과 함께 정확하게 완성한 경우(문법, 철자가 모두 정확한 경우)	3 × 2 = 6점
	문법, 철자, 진행시제가 1개씩 틀린 경우	문항당 1점씩 감점
	내용과 전혀 일치하지 않거나 답을 기재하지 못한 경우	0점

실전 서술형 평가문제

출제의도 현재진행형과 be going to로 미래를 말하기
평가내용 실생활에서 미래시제를 이용하여 문장 완성하기

C. 다음은 Lucy의 다음 주 일정이다. 〈보기〉와 같이 미래시제를 이용하여 질문에 답하시오.

[서술형 유형 : 6점 / 난이도 : 중]

Monday

Thursday

Friday

Saturday

| 보기 | A: Is Lucy going to play soccer next Monday?
B: No, *she is going to play tennis (with her dad / with her friend).* |

1. A: Is Lucy going to listen to music next Thursday?

　　B: _____

　　_____

2. A: What is Lucy doing next Friday?

　　B: _____

3. A: What is Lucy doing next Saturday?

　　B: _____

　　_____

평가영역	채 점 기 준	배 점
유창성(Fluency) & 정확성(Accuracy)	3개의 문장을 올바른 표현과 함께 정확하게 완성한 경우(문법, 철자가 모두 정확한 경우)	3 × 2 = 6점
	문법, 철자, 미래시제가 1개씩 틀린 경우	문항당 1점씩 감점
	내용과 전혀 일치하지 않거나 답을 기재하지 못한 경우	0점

Chapter 5

부정사 / 동명사

Unit 01 부정사

1-1 주어와 보어로 쓰이는 to부정사

To smoke is bad for health.
담배 피우는 것은 건강에 나쁘다.

My hobby is to take pictures.
내 취미는 사진을 찍는 것이다.

01 주어와 보어 자리에 동작의 표현을 쓰려고 할 때, 우리말은 '공부하는 것, 공부하는 것이다'처럼 말을 바꿔서 사용하지만 영어는 study 앞에 to를 붙인 **to study를 주어 자리 또는 be동사 뒤인 보어 자리**에 놓고 쓴다. 즉, '행위나 동작'의 표현을 늘리기 위하여 부정사가 만들어졌다.

02 명사나 대명사가 주어로 쓰이지만, '~하는 것' 또는 '~하기'란 뜻으로 **행위를 주어로 표현하려면 부정사를 주어로 쓴다.**

English is an international language. 영어는 국제어이다. ▶ 명사/대명사 주어 → 주어의 동작을 표현할 수 없음
To learn English is important. 영어를 배우는 것은 중요하다. ▶ to부정사 주어 → 주어의 동작 표현이 가능

03 주어로 쓰이는 to부정사는 거의 대부분 가주어 it을 쓰고 진주어인 to부정사는 뒤로 보낸다.

To solve this problem is not easy. 이 문제를 푸는 것은 쉽지 않다.
= It is not easy to solve this problem.
　가주어　　　　　　　　　진주어

04 **be동사 뒤**에서 명사나 형용사가 주어를 보충 설명하지만, **동작을 표현할 때는 to부정사**를 쓴다.

Her dream is to become a figure skater. 그녀의 꿈은 피겨스케이팅 선수가 되는 것이다.
My goal is to lose ten kilograms. 나의 목표는 10킬로그램을 감량하는 것이다.

서술형 기초다지기

정답 p. 13

Challenge 1 다음 우리말에 맞게 주어진 단어를 알맞은 형태로 고쳐 쓰세요.

01. 한국어를 배우는 것은 쉽지 않다. (learn)

→ _____ Korean is not easy.

02. 일찍 일어나는 것은 좋은 습관이다. (get up)

→ _____ early is a good habit.

03. 내 취미는 오래된 동전을 모으는 것이다. (collect)

→ My hobby is _____ old coins.

04. 그의 소원은 영화배우가 되는 것이다. (become)

→ His wish is _____ a movie star.

05. 요즈음 좋은 직업을 갖는 것은 매우 어렵다. (get)

→ _____ a good job is very hard these days.

Challenge 2 〈보기〉와 같이 주어진 문장을 바꾸어 쓰세요.

보기	To learn a foreign language is useful.
	→ *It is useful to learn a foreign language.*

01. To tell the truth is important.

→ _____

02. To travel to new countries is interesting.

→ _____

03. To make money is difficult.

→ _____

1-2 목적어로 쓰이는 to부정사

Kate likes to listen to music.
케이트는 음악 듣는 것을 좋아한다.

I don't know how to use this duplicator.
나는 이 복사기를 어떻게 사용하는지를 모른다.

01 일반적으로 동사의 목적어로 명사나 대명사를 쓰지만 **동작이나 행동을 표현하려면 목적어를 to부정사로 쓴다.** '~하는 것을'의 뜻이다.

I like English. 나는 영어를 좋아한다. ▶ 명사/대명사 목적어 → 동작을 표현할 수 없음
I like to study English. 나는 영어 공부하는 것을 좋아한다. ▶ to부정사 목적어 → 동작 표현이 가능

02 주로 **부정사만을 목적어로 쓰는 동사**들은 다음과 같다.

like	need	plan	decide	love	want
hope	wish	would like	seem	expect	promise

Kelly decided to go to Hong Kong. 켈리는 홍콩에 가기로 결심했다.
I'd like to drink green tea. 나는 녹차를 마시고 싶다. ▶ I'd like = I would like
She promised not to be late again. 그녀는 다시는 늦지 않겠다고 약속했다. ▶ 부정사의 부정은 부정사 앞에 not

03 「의문사(when, where, how, what, which) + 부정사」는 **문장에서 명사 역할**을 한다. 주로 목적어로 많이 쓰지만, 주어나 보어 역할도 할 수 있다. 의문사의 의미를 살려 '(언제, 어디서, 어떻게, 무엇을, 어느 것을) ~할지'로 해석한다.

Please tell me what to do. 무엇을 해야 할지 말해 주세요.
I don't know how to use the MP3 player. 나는 그 MP3 플레이어를 어떻게 사용하는지 모른다.
We decided where to go. 우리는 어디로 가야 할지 결정했다.
Which to choose is up to you. 어느 것을 선택할지는 너에게 달려 있다.
The problem is where to eat lunch. 문제는 어디에서 점심을 먹어야 할지이다.

※「why + to부정사」는 쓰지 않는다.

112

서술형 기초다지기

Challenge 1   다음 〈보기〉와 같이 부정사를 사용하여 문장을 완성하세요.

보기	prefer / travel by train → Karen *prefers to travel by train*.

01. want / see a horror movie   →   Sunny _____.

02. like / swim in the sea   →   I _____.

03. hate / do his homework   →   Ted _____.

04. want / go on a trip to the beach   →   She _____.

05. like / go to the beach   →   What should we do this afternoon?
Would you _____?

Challenge 2   〈보기〉와 같이 괄호 안의 동사를 이용하여 빈칸을 완성하세요.

보기	We have to decide *when to leave* for Busan. (leave / 언제 떠나야 할지)

01. I learned _____ a skateboard. (ride / 어떻게 타야 하는지)

02. Could you tell me _____ to City Hall? (get / 어떻게 가야 할지)

03. Do you know _____ the bus? (catch / 어디에서 타야 할지)

04. I don't know _____. (say / 뭐라고 말해야 할지)

형용사처럼 쓰이는 to부정사

Jennifer has a lot of homework to do.
제니퍼는 해야 할 숙제가 많다.

I want something to drink.
나는 마실 것을 원한다.

01
동사 '읽다, 먹다, 가다' 등의 동사가 to부정사 형태로 쓰이면 '읽을 (책), 먹을 (음식), 갈 (시간)'처럼 **명사 바로
뒤에서 명사를 꾸며 주는 형용사 역할**을 한다.

I have interesting pictures. 나는 재미있는 사진을 가지고 있다. ▶ 형용사 interesting이 pictures를 앞에서 수식
I have some pictures to show you. 나는 네게 보여줄 사진이 있다. ▶ to부정사(to show)가 뒤에서 pictures를 수식

02
-thing, -one, -body로 끝나는 대명사 뒤에서 부정사가 형용사처럼 꾸며 준다. 형용사와 부정사가 함께 대명
사를 꾸며 줄 경우에는 **「형용사 + to부정사」의 순서**가 된다.

Everybody needs somebody to love. 모든 사람들은 사랑할 누군가가 필요하다. ▶ somebody + to부정사
Would you like something cold to drink? 시원한 것으로 마실 것 좀 드릴까요? ▶ something + 형용사 + to부정사

03
'~할 시간'이란 뜻으로 **「time + to부정사」**를 많이 쓴다. 이때도 역시 부정사는 명사 time을 뒤에서 꾸며 주는
형용사 역할을 한다.

Let's go. It's time to go swimming. 가자. 수영하러 갈 시간이다.
It's time to take a break. 휴식할 시간이다.

04
「명사 + to부정사」에서 **명사가 전치사의 목적어일 때는 to부정사 뒤에 전치사를 반드시 써준다.** 명사를 to부정
사 뒤로 이동시켜 보면 전치사가 필요한지 그렇지 않은지를 알 수 있다.

I have a pencil to write with. 나는 쓸 연필을 가지고 있다.
I have a pencil to write. (×)
 ▶ 원래 write a pencil이 아니고 to write with a pencil이기 때문에 전치사 with가 꼭 필요

She has no house to live in. 그녀는 살 집이 없다.
She has no house to live. (×)
 ▶ 원래 live a house가 아니고 to live in a house이기 때문에 전치사 in이 필요

There is a chair to sit on. 앉을 의자가 하나 있다.
There is a chair to sit. (×)
 ▶ 원래 sit a chair가 아니고 to sit on a chair이기 때문에 전치사 on이 필요

서술형 기초다지기

정답 p. 13

Challenge 1 다음 빈칸에 들어갈 알맞은 동사를 골라 문장을 완성하세요.

unlock	take	learn	read	use

01. It's time _____ a break.

02. I didn't have a key _____ the door.

03. There is no computer _____.

04. What's the best way _____ English?

05. There are many magazines _____ in the train.

Challenge 2 우리말과 같은 뜻이 되도록 괄호 안의 말을 바르게 배열하세요.

01. 집에 돌아갈 시간이다. (go, time)

= It's _____ back home.

02. 그녀는 가지고 쓸 펜이 하나도 없다. (with, write, a pen)

= She doesn't have _____.

03. 차가운 것 좀 마실래요? (cold, something, drink)

= Would you like _____?

Challenge 3 다음 표현을 〈보기〉와 같이 「It is time + to부정사」 문장으로 완성하세요.

보기	have lunch → *It's time to have lunch.*

01. study English → _____

02. go home → _____

03. do homework → _____

1-4 부사처럼 쓰이는 to부정사

She came here to learn Korean.
그녀는 한국어를 배우기 위해 여기에 왔다.

I'm happy to get a gift from him.
그 사람한테 선물을 받아서 행복하다.

---

01 to부정사가 '~하기 위하여'란 뜻으로 사용되어 동사의 목적을 나타내기도 한다. 「in order to + 동사원형」을 쓰기도 하는데 일상 영어에서는 in order를 쓰지 않고 「to + 동사원형」으로만 쓴다.

I'm going to the bakery (in order) to buy a cake. 나는 케이크를 사기 위해 빵집에 가고 있다.
She went to Beijing to study Chinese. 그녀는 중국어를 배우기 위하여 베이징에 갔다.

02 목적과 의도를 나타내고자 할 때 **to부정사 대신 「for + 명사」**로 나타낼 수 있다.

I went to the store to buy a newspaper. 나는 신문을 사기 위하여 그 가게에 갔다.
= I went to the store for a newspaper.

We need some money to buy food. 우리는 음식을 사기 위하여 약간의 돈이 필요하다.
= We need some money for food.

03 to부정사가 형용사 뒤에서 형용사를 꾸밀 때 '~하기에, ~해서'의 뜻으로도 쓰인다. 특히, 형용사가 사람의 감정(happy, sad, angry, surprised, pleased)을 나타낼 때는 '~해서'의 뜻이 된다.

This poem is very difficult to understand. 이 시는 이해하기 매우 어렵다.
This iPhone is convenient to use. 이 아이폰은 사용하기에 편리하다.
I was surprised to see her face. 나는 그녀의 얼굴을 보고 놀랐다.

04 문장의 동사가 live, grow up, awake일 때 **to부정사는 이 동사들의 결과**를 나타내어 '(살아서, 자라서, 깨어나 보니) 결국 ~이 되다'란 뜻으로 쓰인다.

She grew up to become an actress. 그녀는 자라서 여배우가 되었다.
The drunken man awoke to find himself in prison. 그 만취한 사람은 깨어나 보니 자신이 감옥에 있다는 것을 알게 되었다.
My grandmother lived to be 100. 나의 할머니는 100세까지 사셨다.

서술형 기초다지기

Challenge 1　다음 밑줄 친 부정사의 용법을 '명사, 형용사, 부사'로 구분하여 쓰세요.

01. Karen was very surprised <u>to see</u> the accident. 　→ _____

02. She wants <u>to use</u> my new cell phone. 　→ _____

03. We went to China <u>to see</u> the Great Wall. 　→ _____

04. She needs someone <u>to talk</u> with. 　→ _____

Challenge 2　다음 빈칸에 to 또는 for를 넣어 문장을 완성하세요.

01. Korean people need English _____ get a better job.

02. Our teacher always gives us lots of exercises _____ homework.

03. Our teacher sometimes uses videos _____ discussion.

04. We use the Internet _____ do research.

05. I sometimes use my computer _____ do homework.

06. They're going to the supermarket _____ milk and bread.

Challenge 3　〈보기〉와 같이 to부정사를 이용하여 한 문장으로 바꿔 쓰세요.

보기	We were happy. + We could go to the concert. → *We were happy to go to the concert.*

01. We were lucky. + We could get tickets.

　→ _____

02. Bob went to a store. + He wanted to buy a pair of jeans.

　→ _____

1-5 too ~ to부정사 / enough to

I am too tired to go out.
나는 외출하기에는 너무 피곤하다.

The baby is old enough to walk.
그 아기는 걸을 수 있을 정도의 나이이다.

01 「too + 형용사/부사 + to부정사」는 '~하기에는 너무 ~한'의 뜻이다. too는 '너무[아주] ~한'의 의미로 **'어려움이나 문제가 있어 불가능하다'라는 의미를 내포**하고 있다.

She is too busy to go to the party. 그녀는 그 파티에 가기에는 너무 바쁘다.
This coffee was too hot to drink. 이 커피는 마시기에 너무 뜨거웠다.

02 「so + 형용사/부사 + that + 주어 + can't ~」로 바꿔 쓸 수 있다.

I'm too tired to go there with you.
= I'm so tired that I can't go there with you. 나는 너무 피곤해서 너와 함께 거기 갈 수 없어.

03 「형용사/부사 + enough to부정사」는 '~할 정도로 ~하다'의 뜻이다. **형용사/부사를 enough 앞에** 쓴다.

I was hungry enough to eat socks. 나는 양말을 먹을 정도로 배가 고팠다.
Steve is kind enough to help others. 스티브는 다른 사람들을 도울 정도로 친절하다.

※ enough가 명사와 함께 쓰일 때는 명사 앞에 위치한다. 이때 enough는 '충분한 ~'으로 해석된다.
She has enough money to buy a car. 그녀는 차를 살 만큼 충분한 돈을 가지고 있다.

04 「so + 형용사/부사 + that + 주어 + can ~」으로 바꿔 쓸 수 있다.

Nancy is tall enough to reach the ceiling.
= Nancy is so tall that she can reach the ceiling. 낸시는 키가 아주 커서 천장에 닿을 수 있다.

Challenge 1   다음 괄호 안의 단어 중 알맞은 것을 고르세요.

01. Peter is (too / enough) small to wear that shirt.

02. Jane was kind (too / enough) to help the handicapped.

03. She has (too / enough) time to finish her work.

04. Kevin is (too / enough) full to eat another pizza.

05. Your English is good (too / enough) to talk with a native speaker.

06. My PDA is small (too / enough) to carry in my pocket.

Challenge 2   다음 문장을 〈보기〉처럼 같은 의미의 다른 구문으로 영작하세요.

보기	I am too tired. I can't work. → *I am too tired to work.* → *I am so tired that I can't work.*

01. My cat is too young. It can't catch a mouse.

→ _____

→ _____

02. Jason is strong enough. He can carry the box.

→ _____

→ _____

03. Tommy is too sleepy. He can't study.

→ _____

→ _____

Unit 02 동명사

2-1 주어, 목적어, 보어로 쓰이는 동명사

Learning yoga is very interesting. 요가를 배우는 것은 매우 재미있다.
I like learning yoga. 나는 요가 배우는 것을 좋아한다.

01 **주어 역할:** 주어에 명사나 대명사를 쓰지만 **동작의 내용을 주어로 할 때는 동명사(V-ing)를 쓴다.** '~하는 것은, ~하기는'의 뜻이다.

Recycling paper is a good idea. 종이를 재활용하는 것은 좋은 생각이다.
Reading in a dark room is bad for the eyes. 어두운 방안에서 책을 읽는 것은 눈에 좋지 않다.

02 **보어 역할:** be동사 뒤에 명사나 형용사 대신 **동작의 내용을 보어로 쓸 때 동명사를 쓴다.**

My hobby is watching a horror movie. 내 취미는 공포영화를 보는 것이다.
My dream is traveling around the world. 내 꿈은 전 세계를 여행하는 것이다.

※ 주어와 보어로 쓰인 동명사와 부정사는 큰 차이가 없어서 서로 바꿔 써도 된다.
Reading books is very exciting. = To read books is very exciting.

03 **목적어 역할:** 주로 명사나 대명사가 목적어 역할을 하지만 **동작의 내용을 나타낼 때는 목적어로 동명사를 쓴**다. 우리말로 '~하는 것을'이란 뜻이다.

Lucy enjoys playing tennis. 루시는 테니스 치는 것을 즐긴다.
Do you like visiting other countries? 다른 나라들을 방문하는 걸 좋아하니?

04 **전치사의 목적어 역할:** 전치사 뒤에는 명사만을 쓸 수 있는데, **동작의 내용을 나타내려면 동명사를 쓴다.**

She is good at playing the violin. 그녀는 바이올린 연주를 잘한다.
Thank you for helping me with the work. 그 일을 도와주셔서 감사합니다.
I'm thinking about going on a diet. 나는 다이어트할까 생각 중이다.

서술형 기초다지기

정답 p. 14

Challenge 1 다음 밑줄 친 동명사의 역할을 '주어, 목적어, 보어'로 구별해서 쓰세요.

01. Taking a good rest is the most important thing. → _____

02. She likes jogging at night. → _____

03. Karl enjoys playing basketball. → _____

04. Her job is selling many kinds of flowers. → _____

05. My dream is making a lot of money. → _____

06. Would you mind opening the window? → _____

07. Calling at night is not polite. → _____

Challenge 2 다음 동사를 동명사와 부정사 형태로 써보세요.

01. 외국어를 배우는 것은 중요하다. (learn)

→ _____ a foreign language is important. (동명사)

→ _____ a foreign language is important. (부정사)

02. 내 꿈은 의사가 되는 것이다. (become)

→ My dream is _____ a doctor. (동명사)

→ My dream is _____ a doctor. (부정사)

03. 리사는 그녀의 문제에 관하여 얘기하기 시작했다. (talk)

→ Lisa started _____ about her problem. (동명사)

→ Lisa started _____ about her problem. (부정사)

2-2 동명사를 목적어로 쓰는 동사 / 동명사 활용 표현

I enjoy listening to music.
나는 음악 듣는 것을 즐긴다.

Tomorrow, I will go fishing.
나는 내일 낚시하러 갈 것이다.

01 목적어로 동명사만 쓰는 동사

enjoy(~하는 것을 즐기다)	finish(~하는 것을 끝내다)	give up(~하기를 포기하다)
avoid(~하는 것을 피하다)	mind(~하는 것을 꺼리다)	admit(~하는 것을 인정하다)

She just finished reading the book. 그녀는 막 그 책 읽기를 끝냈다.
My dad gave up smoking ten years ago. 우리 아빠는 10년 전에 담배를 끊었다.
Would you mind opening the window? 창문을 열어도 괜찮을까요?

02 동명사와 to부정사를 모두 목적어로 쓸 수 있고 의미에 큰 차이가 없는 동사

like	hate	love	start	begin	continue

It started raining. = It started to rain. 비가 내리기 시작했다.
She hates singing. = She hates to sing. 그녀는 노래하는 것을 싫어한다.

03 동명사와 함께 자주 쓰이는 표현들

① go + V-ing : ~하러 가다
   (*ex*: go shopping, go swimming, go skiing, go fishing, go camping, go hiking)
   Susan went shopping at a new department store. 수잔은 새 백화점에 쇼핑하러 갔다.
   They go skiing every winter. 그들은 매년 겨울 스키를 타러 간다.
   Every summer we go camping with our parents. 매년 여름 우리는 부모님과 캠핑을 간다.

② What[How] about + V-ing? : '~하는 것이 어때?'라는 의미로 「Let's + 동사원형」과 같은 표현이다.
   How[What] about going to have lunch? 점심 먹으러 가는 게 어떠니?
   = Let's go to have lunch. 점심 먹으러 가자.

Challenge 1 다음 빈칸에 알맞은 동명사 또는 부정사를 넣으세요.

01. A: At last, I finished _____ for the final. (prepare)

   B: What do you want _____ now? (do)

02. A: I really enjoy _____ abroad. (travel)

   B: So, are you planning _____ abroad soon? (go)

03. A: Would you like _____ for a walk? (go)

   B: Has it stopped _____? (rain)

04. A: I gave up _____ to fix my computer. (try)

   B: So, did you decide _____ a new computer instead? (buy)

Challenge 2 다음 문장을 〈보기〉와 같이 바꾸어 쓰세요.

보기	Let's go to the park. → *What[How] about going to the park?*

01. Let's buy some food. → _____

02. Let's go to Kevin's birthday party. → _____

03. Let's have a cup of coffee. → _____

Challenge 3 우리말과 같은 뜻이 되도록 「go + V-ing」를 이용하여 문장을 완성하세요.

01. 내일 우리는 수영하러 갈 것이다. → Tomorrow, we'll _____. (swim)

02. 너는 매년 겨울에 스키 타러 가니? → Do you _____ every winter? (ski)

03. 엄마는 쇼핑하러 가는 것을 즐긴다. → My mom enjoys _____. (shop)

04. 나는 지금 낚시하러 간다. → I'm _____ now. (fish)

01 출제 100% - to부정사의 역할을 구별하라.

 출제자의 눈 부정사에 밑줄을 그어놓고 같은 용법이나 다른 용법을 찾는 문제가 자주 출제되는데 부정사의 위치를 잘 파악하면 용법을 쉽게 고를 수 있다. 또한 부정사에서 to 뒤에 동사원형을 쓰거나, 주어로 쓰인 부정사를 뒤로 보내고 가주어 It을 쓰는 문제도 출제된다.

Ex 1.

밑줄 친 부정사와 쓰임이 <u>다른</u> 것은?

<u>To go</u> outside makes me feel good.

(a) <u>To see</u> is to believe.　　　(b) <u>To travel</u> abroad is my only pleasure.

(c) It is not easy <u>to play</u> the guitar.　　　(d) I went there <u>to see</u> my friend.

Ex 2.

빈칸에 알맞은 것은?

_____ is fun to read comic books.

(a) To　　　　(b) It　　　　(c) That　　　　(d) He

02 출제 100% - 부정사, 동명사가 주어일 때 동사는 반드시 단수이다.

 출제자의 눈 부정사와 동명사가 주어로 쓰일 때는 단수 취급하므로 단수 형태의 동사를 써야 한다. 우리말을 주고 「의문사 + to부정사」를 부분 영작하는 문제나 의미에 맞는 의문사를 넣는 문제가 출제된다. 특히 동사에 따라 목적어로 to부정사를 쓰는지, 동명사를 쓰는지 구별할 줄 알아야 한다. 「too + 형용사/부사 + to부정사」, 「형용사/부사 + enough to부정사」 어순 문제나, 이 둘을 다시 「so + 형용사/부사 + that + 주어 + can/can't」로 바꾸는 주관식 문제도 출제된다.

Ex 3.

빈칸에 알맞은 것은?

A: Could you tell me _____ to get to the City Hall?

B: Of course. Go straight and turn left.

(a) when　　　(b) where　　　(c) how　　　(d) what

Ex 4.

빈칸에 들어갈 알맞은 것끼리 짝지어진 것은?

It was too hot for us to play outside.

= It was _____ hot that we _____ play outside.

(a) too – could　　(b) so – can　　(c) too – couldn't　　(d) so – couldn't

124

03 출제 100% - 목적어로 쓰이는 동명사와 부정사를 반드시 구별하라.

 출제자의 눈 동사 중 enjoy, finish, give up, avoid, mind는 반드시 동명사를 목적어로 취하는데 부정사와 혼동케 하는 문제가 자주 출제된다. 주어로 쓰이는 동명사는 단수 취급하므로 동사도 단수 형태를 쓴다. 마지막으로, 전치사 뒤에는 반드시 명사를 쓰거나 동사에 -ing를 붙인 동명사를 써야 한다. 절대로 동사나 부정사를 쓰지 않는다는 점에 유의한다.

Ex 5.

빈칸에 알맞은 것은?

Would you mind _____ your voice down?

(a) to keep　　　(b) keeping　　　(c) keep　　　(d) kept

Ex 6.

빈칸에 알맞은 것은?

Are you interested in _____ to classical music?

(a) listen　　　(b) have listened　　　(c) to listen　　　(d) listening

04 출제 100% - 동명사와 함께 잘나가는 표현들을 기억하라.

 출제자의 눈 '~하러 가다'란 뜻의 「go + V-ing」, '계속해서 ~하다'의 뜻인 「keep + V-ing」의 표현에서는 반드시 동명사를 써야 하는데 이를 부정사나 동사원형으로 틀리게 해놓고 고치거나 올바른 동명사를 고르는 문제가 출제된다. 우리말을 주고 부분 영작하는 문제로도 출제된다. '~하는 것이 어때?'라는 의미의 「How[What] about + V-ing」 형태도 반드시 알아둬야 한다.

Ex 7.

우리말과 같은 의미가 되도록 빈칸을 채우시오.

· 방과 후에 우리 수영하러 가자.

= Let's _____ _____ after school.

Ex 8.

빈칸에 알맞은 것은?

What about _____ credit cards?

(a) to use　　　(b) using　　　(c) uses　　　(d) used

1. 다음 밑줄 친 부분과 쓰임이 같은 것은?

> She's looking for a roommate <u>to live</u> with.

❶ I was angry <u>to see</u> her.
❷ A woman came <u>to see</u> you.
❸ Do you want <u>to have</u> lunch now?
❹ Practice is the only way <u>to learn</u> a foreign language.
❺ The book is very easy <u>to understand</u>.

[2-5] 다음 빈칸에 알맞은 말을 골라 쓰시오.

> to listen   to play   to write   to drink

2. I want something _____.

3. I need a pen _____ with.

4. He bought a computer _____ computer games.

5. I decided to buy an MP3 player _____ to music.

[6-7] 다음 우리말과 같은 뜻이 되도록 빈칸에 알맞은 단어를 쓰시오.

6.
> Peter는 일주일에 한 번씩 스키 타러 간다.
> = Peter goes _____ once a week.

7.
> 리사는 쇼핑하러 가는 것을 좋아한다.
> = Lisa likes to go _____.

[8-10] 다음 빈칸에 들어갈 말로 알맞은 것은?

8.
> I want _____ the movie star again.

❶ meet   ❷ to meet   ❸ meeting
❹ to meeting   ❺ met

9.
> She regrets _____ English during her school days.

❶ not studying   ❷ not to study
❸ studying not   ❹ to study not
❺ doesn't study

10.
> Would you like something _____?

❶ cold to drink   ❷ cold drinking
❸ to drink cold   ❹ to cold drink
❺ drink to cold

11. 우리말과 뜻이 같도록 괄호 안의 단어를 배열하시오.

> 난 오늘 아침에 요리할 시간이 없다.
> = I don't have _____ this morning. (cook, to, time)

12. 다음 빈칸에 공통으로 들어갈 알맞은 단어를 쓰시오.

> · She wants _____ be an actress.
> · We're going _____ meet our grandparents.

오답 노트 만들기

★틀린 문제 : ＿＿＿＿　　★다시 공부한 날 : ＿＿＿＿＿＿

(1) 문제를 왜? 틀렸는지 곰곰이 생각하고 그 이유를 적어본다.

(2) 핵심 개념을 적는다.

(3) 자신이 몰랐던 단어와 숙어 표현이 있으면 정리한다.

(4) 해설집에서 필요한 부분을 골라 풀이 해법을 정리한다.

★틀린 문제 : ＿＿＿＿　　★다시 공부한 날 : ＿＿＿＿＿＿

(1) 문제를 왜? 틀렸는지 곰곰이 생각하고 그 이유를 적어본다.

(2) 핵심 개념을 적는다.

(3) 자신이 몰랐던 단어와 숙어 표현이 있으면 정리한다.

(4) 해설집에서 필요한 부분을 골라 풀이 해법을 정리한다.

★틀린 문제 : ＿＿＿＿　　★다시 공부한 날 : ＿＿＿＿＿＿

(1) 문제를 왜? 틀렸는지 곰곰이 생각하고 그 이유를 적어본다.

(2) 핵심 개념을 적는다.

(3) 자신이 몰랐던 단어와 숙어 표현이 있으면 정리한다.

(4) 해설집에서 필요한 부분을 골라 풀이 해법을 정리한다.

★틀린 문제 : ＿＿＿＿　　★다시 공부한 날 : ＿＿＿＿＿＿

(1) 문제를 왜? 틀렸는지 곰곰이 생각하고 그 이유를 적어본다.

(2) 핵심 개념을 적는다.

(3) 자신이 몰랐던 단어와 숙어 표현이 있으면 정리한다.

(4) 해설집에서 필요한 부분을 골라 풀이 해법을 정리한다.

1. 다음 밑줄 친 단어의 알맞은 형태는?

> Kelly went to the store <u>buy</u> some food.

❶ buy   ❷ buys   ❸ buying
❹ bought   ❺ to buy

오답노트

2. 다음 밑줄 친 부분 중 틀린 것은?

> In <u>winter</u> we <u>go</u> <u>skate</u> and <u>skiing</u>.
>   ❶   ❷❸ ❹   ❺

오답노트

3. 다음 중 밑줄 친 to의 쓰임이 나머지와 <u>다른</u> 하나는?

❶ It started <u>to</u> snow.
❷ He took the train <u>to</u> the city.
❸ I'm going there <u>to</u> see my friend.
❹ There are many places <u>to</u> visit in Seoul.
❺ What do you want <u>to</u> be?

오답노트

4. 다음 중 enough가 들어갈 가장 알맞은 곳은?

> The country ❶ is ❷ rich ❸ to take
> care of ❹ poor people ❺.

오답노트

5. 다음 대화의 밑줄 친 부분 중 어법상 <u>틀린</u> 것은?

> A : What ❶ <u>did you do</u> last weekend?
> B : I saw a movie with my girlfriend.
> A : How ❷ <u>was</u> the movie?
> B : I enjoyed ❸ <u>to watch</u> it.
> A : What are you going ❹ <u>to do</u> next?
> B : I'm going to the supermarket
>   ❺ <u>to buy</u> some food.

오답노트

6. 다음 빈칸에 들어갈 말로 알맞지 <u>않은</u> 것은?

> What do you think of _____?

❶ your teacher   ❷ buy this T-shirt
❸ watching TV   ❹ the digital TV
❺ the iPhone

오답노트

7. 다음 밑줄 친 부분의 쓰임이 바르지 <u>않은</u> 것은?

❶ I'd like <u>to listen</u> to music.
❷ Tom finished <u>doing</u> his homework.
❸ Jenny enjoys <u>swimming</u> in the sea.
❹ He left without <u>to say</u> good-bye.
❺ My hobby is <u>to read</u> books.

오답노트

8. 다음 단어들을 배열하여 문장을 완성하시오.

go	winter	we	skiing	in

→ _____

오답노트

9. 다음 문장의 밑줄 친 부분과 용법이 같은 것은?

She went to the store <u>to buy</u> a newspaper.

❶ There is no computer <u>to use</u>.
❷ Her plan is <u>to take</u> a trip to Hawaii this summer.
❸ <u>To study</u> math is difficult.
❹ They're going to Pizza Hut <u>to have</u> lunch.
❺ Mary wants <u>to go</u> skiing.

오답노트

10. 다음 대화의 빈칸에 알맞은 것은?

A: Why did you go to the library?
B: I went there _____.

❶ by bus   ❷ last night
❸ to get some books   ❹ borrow books
❺ buying some books

오답노트

11. 다음 중 밑줄 친 부분의 쓰임이 <u>다른</u> 하나는?

❶ I like <u>drawing</u> animals.
❷ <u>Learning</u> Japanese is not difficult.
❸ Her hobby is <u>playing</u> tennis.
❹ I'm thinking about <u>buying</u> a new MP3 player.
❺ My dad is <u>making</u> a lot of money.

오답노트

12. 다음 중 밑줄 친 It의 쓰임이 나머지 넷과 <u>다른</u> 하나는?

❶ <u>It</u> is difficult to study German.
❷ <u>It</u> is too hot to drink.
❸ <u>It</u> is easy to use chopsticks.
❹ <u>It</u> is a lot of fun to play badminton.
❺ <u>It</u> is helpful to your life to make good friends.

오답노트

13. 밑줄 친 부분 중 어법상 틀린 것은?

> I have a good friend. His name is Jason.
> He ❶ <u>lives</u> in Seoul, Korea. His hobby is
> ❷ <u>playing</u> soccer and ❸ <u>collect</u> old stamps.
> He ❹ <u>writes me an e-mail</u> twice a week.
> I like him very much. I want ❺ <u>to see</u>
> him again.

오답노트

[14-15] 다음 중 어법상 틀린 것을 고르시오.

14. ❶ I don't know where to eat lunch.
❷ He decided to learn yoga.
❸ She wants to sing with me.
❹ I plan learning French.
❺ She gave up smoking 5 years ago.

오답노트

15. ❶ She likes to listen to classical music.
❷ Cindy wants to go fishing.
❸ Bob didn't know how ride the bicycle.
❹ It started to rain.
❺ It was exciting to ride the skateboard.

오답노트

16. 우리말과 같은 뜻이 되도록 괄호 안의 말을 바르게 배열한 것은?

> 그녀는 결혼하기에 너무 어리다.
> = She is (too, get, young to, married)

❶ young too get married to
❷ too get married to young
❸ get married too young to
❹ too young to get married
❺ to young too get married

오답노트

17. 다음 문장을 「so ~ that절」로 바꿔 쓰시오.

> He is smart enough to solve this problem.
> → _____
> _____

오답노트

18. 다음 빈칸에 들어갈 알맞은 형태는?

> A: Tony, let's go _____.
> B: Great! Is there a nice beach around
>   here?

❶ surfed   ❷ surfing   ❸ to surf
❹ surf   ❺ surfs

오답노트

A. 다음 우리말에 맞게 괄호 안의 단어를 이용하여 문장을 완성하시오.

1. 그녀는 다른 나라를 방문하는 것을 즐긴다. (enjoy, other countries, visit)

→ _____

2. 나는 내 이메일을 체크하기 위하여 접속했다. (log on, my e-mail, check)

→ _____

3. 그는 그 소식을 듣고서 매우 놀랐다. (surprised, hear, the news)

→ _____

B. 다음 괄호 안의 단어를 활용하여 문장을 완성하시오.

1. Ron _____ at the clock. (look, kept)

2. Would you _____ the window? (close, mind)

3. They _____ in the mountains. (ski, enjoy)

실전 서술형 평가문제

출제의도 동명사의 이해와 적용
평가내용 실생활에서 동명사 활용하기

A. 〈보기〉와 같이 동명사를 이용한 완전한 문장으로 영작하시오. (단, 동명사를 주어로 할 것)

[서술형 유형 : 6점 / 난이도 : 중하]

보기	 listen / make me happy	*Listening to music makes me happy.*

1.

climb rocks / dangerous

_____

2.

jog every day / good for your health

_____

3.

speak English / not easy

_____

평가영역	채 점 기 준	배 점
유창성(Fluency) & 정확성(Accuracy)	의미에 맞는 문장이 문법, 철자 오류 없이 모두 정확한 경우	3 x 2 = 6점
	문법, 철자가 1개씩 틀린 경우	문항당 1점씩 감점
	내용과 일치하지 않거나 답을 기재하지 못한 경우	0점

출제의도 동명사의 이해와 적용
평가내용 실생활에서 동명사 활용하기

B. 아래의 내용은 Lucy가 어제 한 일이다. 왼쪽의 내용과 이어지는 표현을 오른쪽에서 찾아 그 기호를 쓰고, 〈보기〉와 같이 목적을 나타내는 to부정사를 활용하여 Lucy가 한 일을 영작하시오.

[서술형 유형 : 10점 / 난이도 : 중]

__e__ 〈보기〉 *turn on TV*	a. make a cake
____ 1. go to the post office	b. borrow a book
____ 2. go to the library	c. invite her to a party
____ 3. buy a magazine	d. buy stamps
____ 4. send an e-mail to Linda	e. watch the news
____ 5. buy flour and sugar	f. read an article about her favorite pop star

보기	*Lucy turned on TV to watch the news.*

1. _____

2. _____

3. _____

4. _____

5. _____

평가영역	채 점 기 준	배 점
유창성(Fluency) & 정확성(Accuracy)	의미에 맞는 문장이 문법, 철자 오류 없이 모두 정확한 경우	5 × 2 = 10점
	문법, 철자가 1개씩 틀린 경우	문항당 1점씩 감점
	내용과 일치하지 않거나 답을 기재하지 못한 경우	0점

실전 서술형 평가문제

정답 p. 16

 출제의도 too ~ to와 enough to
평가내용 부정사의 부사적 용법 활용하기

C. 〈보기〉와 같이 too ~ to 또는 enough to를 이용하여 문장을 완성하시오.   [서술형 유형 : 10점 / 난이도 : 중상]

보기

She says, "I can't carry the box.
I'm not strong enough."
→ She *isn't strong enough to carry*
  the box.

1.

Susan says, "I couldn't do my homework.
I was too tired."
→ Susan _____

_____

2.

They says, "We couldn't watch the movie.
We were too late."
→ They _____ .

3.

Jane says, "I can buy this car.
I have enough money."
→ Jane _____ .

4.

Lucy says, "I can reach the ceiling.
I'm tall enough."
→ Lucy _____ .

5.

The baby says, "I can't go to school.
I'm too young."
→ The baby _____ .

평가영역	채 점 기 준	배 점
유창성(Fluency) & 정확성(Accuracy)	의미에 맞는 문장이 문법, 철자 오류 없이 모두 정확한 경우	5 × 2 = 10점
	문법, 철자가 1개씩 틀린 경우	문항당 1점씩 감점
	내용과 일치하지 않거나 답을 기재하지 못한 경우	0점

Chapter 6

조동사

Unit 01 조동사

1-1 조동사의 의미와 형태

A: Can Jane play the piano?
제인은 피아노를 연주할 수 있니?
B: Yes, she can. 응, 할 수 있어.

Bob wants a new car. 밥은 새 차를 원한다.
He may buy the car. 그는 그 차를 살지도 모른다.

01 조동사는 동사 앞에서 동사를 도와 '능력, 추측, 허락, 충고, 부탁' 등의 의미를 나타낸다. 의미와 역할에 따라 can/could, may/might, will/would, must, should 등으로 다양하게 쓸 수 있다. 동사를 돕는다고 하여 조동사를 helping verbs라고 부른다.

02 **조동사 뒤에 오는 동사는 항상 동사원형으로 쓰고, 부정은 조동사 뒤에 not**만 붙이면 된다. 보통은 줄여서 won't(= will not), can't(= can not), mustn't(= must not)으로 쓴다. may not과 might not은 줄여 쓰지 않는다.

I can play the guitar. 나는 기타를 연주할 수 있다.
I can't play the guitar. 나는 기타를 연주할 수 없다.

We will go on a vacation this summer. 우리는 이번 여름에 휴가를 갈 것이다.
We won't go on a vacation this summer. 우리는 이번 여름에 휴가를 가지 않을 것이다.

03 의문문은 주어와 조동사의 위치를 바꾸어 「**조동사 + 주어 + 동사원형 ~?**」으로 나타낸다. 대답은 주로 의문문에서 사용한 조동사를 쓴다.

A: May I go now? 지금 가도 되나요?
B: Yes, you may. 네, 가도 됩니다. / No, you may not. 아니오, 안 됩니다.

A: Will you play soccer this afternoon? 오후에 축구할 거니?
B: Yes, I will. 응, 할 거야. / No, I won't. 아니, 하지 않을 거야.

서술형 기초다지기

Challenge 1 다음 빈칸에 괄호 안의 단어를 올바른 형태로 쓰세요.

01. He _____ up early every morning. (get)

02. He can _____ up early every morning. (get)

03. Jennifer _____ math. (study)

04. Jennifer will _____ math. (study)

05. The book _____ interesting. (be)

06. The book may _____ interesting. (be)

07. His brother _____ TV. (watch)

08. His brother may _____ TV. (watch)

Challenge 2 다음 문장의 부정문과 의문문을 쓰세요.

01. He should meet her right now.

부정문: _____

의문문: _____

02. You can use my cell phone.

부정문: _____

의문문: _____

Challenge 3 다음 빈칸에 알맞은 조동사를 쓰세요.

01. A: Can you finish the work by tomorrow?

B: No, I _____.

02. A: _____ I go to Lotte World with my friends?

B: Yes, you may.

A penguin **can** swim. 펭귄은 수영을 할 수 있다.
A penguin **can't** fly. 펭귄은 (하늘을) 날 수 없다.

01 can이 **현재 또는 미래의 능력(ability)**을 나타내면 '~할 수 있다'의 뜻이다.

Monkeys can climb trees. 원숭이들은 나무에 올라갈 수 있다.
She can answer the question. 그녀는 그 질문에 대답할 수 있다.

02 **can의 과거는 could로, 과거의 능력**을 나타낸다.

I could ride a bicycle when I was five. 내가 5살 때 자전거를 탈 수 있었다.
She couldn't solve the math problem yesterday. 그녀는 어제 그 수학 문제를 풀 수 없었다.

03 **능력을 나타낼 때 be able to로 바꿔 쓸 수 있다.** 현재일 때는 is/are able to, 과거일때는 was/were able to, 미래일 때는 will be able to로 나타낸다. 형식을 갖춘 표현이어서 can을 더 자주 쓴다.

① 현재: Peter can swim in the sea.
   = Peter is able to swim in the sea. 피터는 바다에서 수영을 할 수 있다.

② 과거: He couldn't finish the exam yesterday.
   = He wasn't able to finish the exam yesterday. 그는 어제 그 시험을 끝낼 수 없었다.

③ 미래: I can go to Hong Kong next month.
   → I'll be able to go to Hong Kong next month. 나는 다음 달에 홍콩에 갈 수 있을 것이다.
   ▶ can과 will은 함께 쓸 수 없다.

서술형 기초다지기

정답 p. 16

Challenge 1   can, be able to를 이용하여 다음 문장을 완성하세요. (둘 다 가능한 경우 can 사용)

01. You will _____ English fluently when you finish this class. (speak)

02. You _____ her in the restaurant. (meet)

03. She will _____ the race. (win)

04. We will _____ the work on time. (finish)

Challenge 2   다음 표현과 그 대답을 이용하여 의문문을 만들어 보세요.

01. you / write with your left hand

→ _____   – No, I can't.

02. Sunny / eat with chopsticks

→ _____   – Yes, she could.

03. Tom / play a musical instrument

→ _____   – No, he can't.

Challenge 3   다음 중 문맥상 적절한 것을 고르세요.

01. Kevin (can't / couldn't) play with us yesterday.

02. I can read Chinese, but I (can't / couldn't) speak it.

03. I (can't / couldn't) remember your phone number yesterday.

04. A woman (can / could) be a president.

05. My dad can swim, but he (can't / couldn't) ski.

1-3 추측과 허락의 조동사

They are in the classroom. 그들은 교실에 있다. (100% 확신)
They must be in the classroom. 그들은 교실에 있는 것이 틀림없다. (95% 확신)
They may be in the classroom. 그들은 아마 교실에 있을 것이다. (50% 이하 추측)
They might be in the classroom. 그들은 교실에 있을지도 모른다. (50% 이하 추측)

01 **100% 현재의 사실이라고 확신할 때는 현재형을 쓴다. must be는 '~임에 틀림없다'라는 뜻으로 어떤 상황에 대한 논리적 근거에 입각하여 강한 확신(95%)을 나타낼 때 쓴다.**

She is tired. 그녀는 피곤하다.
She must be tired. 그녀는 피곤한 것이 틀림없다.

02 **어떤 일이 일어날 가능성에 대한 확신이 없을 때(50% 이하)는 may나 might를 쓰며 '~일지도 모른다'는 뜻이다. 이때 might는 may의 과거가 아님에 주의한다.**

The rumor may not be true. 그 소문은 사실이 아닐지도 모른다.
They may be at home. 그들은 집에 있을지도 모른다.
They might repeat specific actions or behaviors. 그들은 특정한 활동이나 행동을 반복할지도 모른다.

03 **can과 may는 둘 다 '~해도 좋다'라는 뜻으로, 허락을 나타낸다. 친한 사이에서는 may보다 can을 더 많이 쓴다. 부정은 may와 can 뒤에 not을 붙여 '~해서는 안 된다'의 뜻을 나타낸다.**

You can use my car. 너는 내 차를 써도 좋다.
You may come into the computer room. 너는 컴퓨터실에 들어와도 좋다.
You may not come into the computer room. 너는 컴퓨터실에 들어와서는 안 된다.

서술형 기초다지기

Challenge 1
다음 괄호 안의 단어와 조동사 may를 이용하여 문장을 완성하세요.

01. Kevin runs very fast.

→ _____ (win the race)

02. Jason wants a new car.

→ _____ (buy the car)

03. Jessica doesn't drive carefully.

→ _____ (have an accident)

Challenge 2
다음 각 문장에 쓰인 can의 의미를 '능력' 또는 '허락'으로 구별해서 쓰세요.

01. You <u>can</u> use my pencil if you want to. → _____

02. Tiffany <u>can't</u> speak Japanese at all. → _____

03. You <u>can't</u> go there alone. → _____

04. <u>Can</u> you inline skate? → _____

Challenge 3
다음 괄호 안의 단어와 must be를 이용하여 문장을 완성하세요.

01. Marilyn worked ten hours today.

→ _____ (tired)

02. Jim hasn't eaten anything.

→ _____ (hungry)

1-4 정중한 부탁의 조동사

May I see your driver's licence?
운전 면허증 좀 볼 수 있을까요?

Would you please be quiet?
좀 조용히 해주시겠어요?

01 주어 I를 사용하여 **상대방에게 정중한 부탁을 할 때** Can I ~?, Could I ~?, May I ~?를 쓴다. May가 가장 정중한 표현이고 가까운 사이에는 Can[Could] I ~?를 많이 쓴다.

May I see your tickets? 당신 표를 좀 볼 수 있나요? ▶ very polite
Could I use your cell phone? 네 휴대폰을 써도 되니? ▶ polite
Can I come in? 들어가도 되니? ▶ friendly

02 주어 you를 사용하여 **정중한 부탁을 하는 경우**에는 **Can you ~?, Could you ~?, Will you ~?, Would you ~?**를 쓴다. 가까운 사이에는 Can you ~?를 많이 쓴다.
A: Would you answer the phone? 전화 좀 받아 주시겠습니까?
B: Sure. 그러죠.

A: Can you open the door? 문을 좀 열어 줄 수 있어?
B: I'm sorry. I'd like to help, but my hands are full. 미안해. 도와주고 싶은데 내 양손에 물건이 있어.

03 please는 **문장 중간(동사 앞)**에 쓰거나 **문장 맨 뒤**에 쓸 수 있다.

Could you please call me later? 나중에 다시 전화 주실래요?
Can you open the window, please? 창문 좀 열어 줄래요?
Will you do me a favor, please? 부탁 좀 들어 줄래요?

※ 정중한 부탁을 할 때 사용하는 could와 would는 can과 will의 과거가 아님에 주의한다.

서술형 기초다지기

정답 p. 16

Challenge 1 〈보기〉를 참고하여 알맞은 조동사를 고르세요.

보기	· Can I have some coffee, please? *(friendly)* · Could I speak to her? *(polite)* · May I see your dictionary? *(very polite)*

01. (Can / Could / May) I come in? *(very polite)*

02. (May / Can / Could) I use your cell phone? *(friendly)*

03. (Could / Can / May) I leave a message? *(polite)*

04. (Can / Could / May) I ask you a question? *(very polite)*

Challenge 2 다음 문장을 you를 주어로 하는 공손한 요청의 표현으로 완성하세요. (please 넣기)

보기	Buy some gifts for me. → Can *you please buy some gifts for me*?

01. Pass me the salt.

→ Could _____ ?

02. Wash the car for me.

→ Will _____ ?

03. Answer the phone.

→ Would _____ ?

1-5 필요, 의무를 나타내는 must와 have to

You must listen to the teacher. 너는 선생님 말씀에 귀를 기울여야 한다.
You mustn't speak in class. 수업 중에는 말을 해서는 안 된다.

01 must는 **상대방에게 그 일을 꼭 하라는 강한 강조의 의미**를 지닌다. must not(=mustn't)은 '~해서는 안 된다'란 뜻으로 **강한 금지**를 나타낸다.

You must clean your room right now! 너는 지금 즉시 네 방을 청소해야 한다.
We must stay home until eight. 우리는 8시까지 집에 있어야 한다.
Children mustn't play with knives. 아이들은 칼을 가지고 놀아서는 안 된다.

02 have to는 must와 마찬가지로 '**~해야 한다**'라는 강한 의무를 나타낸다. 일상 영어에서는 must보다 have to 를 더 많이 쓴다. **have to의 부정은 don't have to**로 쓰고 '**~할 필요가 없다**'라는 **불필요함**을 나타낸다.

Do we have to work on Saturday? 우리는 토요일에 일을 해야 하나요?
- No, we don't have to. 아니, 그럴 필요 없어요.

You don't have to get up early on Sunday. 너는 일요일에 일찍 일어날 필요가 없다.

※ have to와 must는 같은 의미지만 not을 붙인 부정의 표현은 의미가 다르다는 점에 유의한다.

03 must와 have to는 미래형과 과거형이 없어서 각각 **will have to**, **had to**로 미래와 과거를 나타낸다.

They had to do their homework last night. 그들은 지난밤에 숙제를 해야 했다.
Next year I'll have to leave here. 내년에 난 여기를 떠나야 한다.

I didn't have to go to work yesterday. 나는 어제 일하러 갈 필요가 없었다.

※ don't have to의 과거는 didn't have to로 쓴다.

144

Challenge 1 다음 괄호 안의 단어를 이용하여 문장을 완성하세요.

01. I'm late for the meeting. I _____. (have to / run)

02. Don't make a noise. You _____ in there. (must / be quiet)

03. You _____ here. This is a non-smoking building. (must / smoke)

Challenge 2 아래 내용과 일치하도록 must 또는 mustn't를 이용하여 문장을 완성하세요.

Hotel Rules

〈보기〉 Do not smoke in your room.

1. Do not take food into your room.
2. Pay for your room on the day you arrive.
3. Return to the hotel by 10:00 p.m. every night.
4. Leave your key at the reception desk when you go out.
5. Leave your room at 9:00 a.m. on the day you leave.

| 보기 | *You mustn't smoke* in your room. |

01. _____ food into your room.

02. _____ for your room on the day you arrive.

03. _____ to the hotel by 10:00 p.m. every night.

04. _____ your key at the reception desk when you go out.

05. _____ your room at 9:00 a.m. on the day you leave.

1-6 충고의 조동사 should와 had better

You should eat more. You're skinny.
(= You had better eat more.)
너는 좀 더 많이 먹는 게 좋겠다. 너무 말랐어.

You shouldn't watch TV so much.
(= You'd better not watch TV so much.)
TV를 너무 많이 보지 않는 게 좋겠다.

01 **충고나 조언(advice, good idea)을 나타낼 때 should를** 쓴다. '~하는 게 좋겠다, ~하는 게 좋은 생각이다'의 뜻이다.

You should wear sunglasses to protect your eyes. 네 눈을 보호하기 위해서 선글라스를 끼는 게 좋겠다.
We should study hard for final. 우리는 기말고사를 위해 열심히 공부하는 게 좋겠다.

02 had better 또한 '~하는 게 좋겠다'의 뜻이나 should보다는 **좀 더 강한 어조로 충고하거나 조언**할 때 쓴다. had better 뒤에는 동사원형이 오고 You'd better처럼 축약형으로 자주 쓰인다.

It's raining. You'd better take an umbrella with you. 비가 온다. 너는 우산을 가져가는 게 좋겠다.
You'd better take a rest. 너는 좀 쉬는 게 좋겠다.

03 '~하지 않는 게 좋겠다'라는 뜻의 부정문은 **should와 had better 뒤에 not**을 붙여 만든다.

We shouldn't eat too much fast food. 패스트푸드를 너무 많이 먹지 않는 게 좋겠다.
She'd better not drink coffee. 그녀는 커피를 마시지 않는 게 좋겠다.

Challenge 1   다음 문장을 should not을 이용하여 완성하세요. (too는 so로 바꾸기)

01. Karen eats too much.   → She _____ .

02. Scott watches TV too much. → He _____ .

03. Jason works too hard.   → He _____ .

04. Jennifer drives too fast.   → She _____ .

Challenge 2   〈보기〉와 같이 had better (not)를 이용한 문장으로 고쳐 쓰세요.

보기
Nancy got a bad cold.   → *She had better not eat ice cream*. (eat / ice cream)

01. Steve has broken his leg.

    → _____ (walk)

    → _____ (stay / in bed)

02. Lisa isn't doing well at school.

    → _____

    _____ (hang out / with friends / every day)

03. Sunny's clothes don't fit her.

    → _____ (eat / lots of sweets)

    → _____ (lose weight)

01 출제 100% - 조동사 뒤에 동사원형 말고 그 무엇이 오랴?

 출제자의 눈 조동사 뒤에 동사원형이 오는 것을 아는지 물어보는 기본적인 문제가 출제된다. 그리고 조동사 can이 능력을 나타내는 의미로 쓰였을 때 be able to로 바꿔 쓸 줄 아는지와 현재와 과거에 따라 be able to의 be동사를 알맞은 형태로 쓸 줄 아는지도 물어본다.

Ex 1.

빈칸에 알맞은 것은?

Ron _____ speak English very well.

(a) is   (b) do   (c) cans   (d) can

Ex 2.

밑줄 친 부분과 바꿔 쓸 수 있는 것은?

James <u>couldn't</u> go to the movies yesterday.

(a) weren't able to   (b) will be able to

(c) wasn't able to   (d) can't

02 출제 100% - 조동사의 의미와 쓰임을 정확하게 알아두자.

 출제자의 눈 각 조동사의 의미에 따라 알맞은 조동사를 활용할 줄 아는지를 물어보거나 우리말 의미에 맞게 부분 영작하라는 문제가 출제된다. 특히 may가 추측이나 허락, 공손한 부탁을 할 때도 쓰이므로 may를 이용한 문제는 많이 출제된다.

Ex 3.

빈칸에 공통으로 알맞은 것은?

A: _____ I introduce myself to you? (제 소개를 해도 괜찮을까요?)

B: Yes, you _____.

(a) am   (b) will   (c) do   (d) may

Ex 4.

우리말을 영어로 옮길 때 빈칸에 들어갈 말은?

Susan has a stomachache. She _____ go to the hospital.

(수잔은 배가 아픕니다. 병원에 가봐야 합니다.)

(a) can   (b) must   (c) may   (d) will

03 출제 100% - must와 should의 의미를 구별하라.

 출제자의 눈 그림이나 우리말을 제시한 후 must와 should를 구별해서 쓸 줄 아는지를 묻거나 must 와 must be의 의미 차이를 아는지를 물어본다. 특히, 의무나 충고를 나타내는 조동사의 부정문에서 not의 위치를 물어보는 문제나 had better 뒤에 동사원형을 쓰는 문제도 자주 출제된다.

Ex 5.

밑줄 친 조동사의 의미가 나머지 셋과 다른 하나는?
(a) Do we <u>have to</u> study English?　　　(b) You <u>must</u> stop here.
(c) You <u>must</u> be stupid to tell such a lie!　　(d) Do I <u>have to</u> go there with you?

Ex 6.

not의 위치로 알맞은 곳은?
<u>(a)</u> You <u>(b)</u> had better <u>(c)</u> borrow <u>(d)</u> the book.

04 출제 100% - 의문문에 대한 적절한 대답을 찾아라.

 출제자의 눈 조동사 의문문에 알맞은 대답을 찾거나 알맞지 않은 대답을 고르는 문제가 나온다. 또한, 대화의 흐름에 맞는 의문문을 알맞은 조동사와 함께 만들 줄 아는지를 물어보는 문제나 그 표현을 우리말로 주고 부분 영작하는 문제가 출제된다.

Ex 7.

빈칸에 들어갈 알맞은 것은?
A: Do I _____ _____ leave now?
B: No, you don't have to.
(a) must be　　　(b) have to　　　(c) had better　　　(d) had to

Ex 8.

빈칸에 들어갈 알맞은 것은?
A: May I go to the party tonight?
B: _____.
(a) No, you go　　(b) No, I must　　(c) Yes, you may　　(d) No, you don't

1. 다음 대화의 밑줄 친 표현을 다른 말로 바꿀 때 가장 알맞은 것은?

> A: Are you free this afternoon?
> B: Sure. I'm not busy. What's up?
> A: I <u>am going to</u> play soccer with some friends.

❶ must   ❷ will   ❸ can
❹ should   ❺ go

2. 다음 빈칸에 들어갈 표현으로 알맞지 않은 것은?

> A: This suitcase is heavy. _____
> B: Sure.

❶ Open the door, please.
❷ Will you open the door?
❸ Can you open the door?
❹ Can I open the door, please?
❺ Please open the door for me.

3. 다음 빈칸에 들어갈 가장 알맞은 것은?

> A: I'm going to go to the movies.
> B: It may rain tonight. You _____ take an umbrella with you.

❶ can   ❷ had better
❸ don't have to   ❹ may
❺ need not

4. 다음 빈칸에 들어갈 표현으로 알맞지 않은 것은?

> He can _____.

❶ play the cello   ❷ drive a car
❸ take a picture well   ❹ speaks Korean
❺ swim in the sea

[5-6] 다음 우리말을 영어로 옮길 때 빈칸에 알맞은 것을 고르시오.

5.
> 너 혼자서는 그 상자를 옮길 수 없다.
> = You _____ move the box alone.

❶ can't   ❷ won't   ❸ shouldn't
❹ must not   ❺ don't have to

6.
> 그녀는 부자임에 틀림없다.
> = She _____ be rich.

❶ may   ❷ will   ❸ had better to
❹ must   ❺ has to

7. 다음 빈칸에 들어갈 말로 알맞지 않은 것은?

> _____ ask your phone number?

❶ Can I   ❷ Could I   ❸ May I
❹ Might I   ❺ Is it OK if I

8. 다음 그림에 알맞은 충고를 고르시오.

❶ You should listen carefully.
❷ You should study hard.
❸ You should not waste time.
❹ You should cross at the crosswalk.
❺ You should be kind to old people.

오답 노트 만들기

★틀린 문제 : _____   ★다시 공부한 날 : _____

(1) 문제를 왜? 틀렸는지 곰곰이 생각하고 그 이유를 적어본다.

(2) 핵심 개념을 적는다.

(3) 자신이 몰랐던 단어와 숙어 표현이 있으면 정리한다.

(4) 해설집에서 필요한 부분을 골라 풀이 해법을 정리한다.

★틀린 문제 : _____   ★다시 공부한 날 : _____

(1) 문제를 왜? 틀렸는지 곰곰이 생각하고 그 이유를 적어본다.

(2) 핵심 개념을 적는다.

(3) 자신이 몰랐던 단어와 숙어 표현이 있으면 정리한다.

(4) 해설집에서 필요한 부분을 골라 풀이 해법을 정리한다.

★틀린 문제 : _____   ★다시 공부한 날 : _____

(1) 문제를 왜? 틀렸는지 곰곰이 생각하고 그 이유를 적어본다.

(2) 핵심 개념을 적는다.

(3) 자신이 몰랐던 단어와 숙어 표현이 있으면 정리한다.

(4) 해설집에서 필요한 부분을 골라 풀이 해법을 정리한다.

★틀린 문제 : _____   ★다시 공부한 날 : _____

(1) 문제를 왜? 틀렸는지 곰곰이 생각하고 그 이유를 적어본다.

(2) 핵심 개념을 적는다.

(3) 자신이 몰랐던 단어와 숙어 표현이 있으면 정리한다.

(4) 해설집에서 필요한 부분을 골라 풀이 해법을 정리한다.

[1-3] 다음 우리말에 맞게 빈칸에 알맞은 말을 쓰시오.

1. You _____ have to wear hiking boots.
(너는 등산화를 신을 필요가 없다.)

2. You _____ not park here.
(너는 여기에 주차해서는 안 된다.)

3. You should _____ make noise in the library.
(너는 도서관에서 떠들어서는 안 된다.)

오답노트

4. 다음 밑줄 친 부분과 공통으로 바꿔 쓸 수 있는 것은?

· Sunny <u>is going to</u> visit the museum.
· <u>Can</u> you come to my birthday party tonight?

❶ was ❷ will ❸ does
❹ have to ❺ should

오답노트

5. 다음 빈칸에 들어갈 동사의 형태로 알맞은 것은?

Lucy cannot _____ very well.

❶ sing ❷ singed ❸ sang
❹ sings ❺ singing

오답노트

6. 다음 빈칸에 들어갈 말로 알맞지 <u>않은</u> 것은?

You must _____.

❶ not be noisy ❷ stop at the red light
❸ not swim there ❹ can speak Japanese
❺ obey the traffic rules

오답노트

7. 다음 밑줄 친 부분의 의미가 <u>다른</u> 하나는?

❶ <u>Can</u> I sit here?
❷ <u>May</u> I help you?
❸ You <u>may</u> come in.
❹ It <u>may</u> snow tonight.
❺ <u>Can</u> I open the window?

오답노트

[8-9] 다음 빈칸에 들어갈 말로 알맞은 것을 고르시오.

8.

A: What's wrong with you?
B: I lost Kelly's pencil. I _____ find it now.

❶ am ❷ can ❸ may
❹ will ❺ should

9.

A: I forgot my phone number.
B: You _____ be foolish.

❶ can't ❷ won't ❸ must
❹ should ❺ have to

오답노트

10. 다음 빈칸에 알맞은 말을 쓰시오.

> Kevin and I went to the beach by bus.
> We _____ swim and play there.
> (우리는 그곳에서 수영을 하고 놀 수 있었다.)

오답노트

11. 다음 빈칸에 친구에게 할 수 있는 충고의 말을 쓰시오.

> You don't listen carefully.
> → You should listen carefully.

You are not kind to old people.
→ _____

오답노트

12. 다음 질문에 대한 대답으로 옳지 <u>않은</u> 것은?

> A: Can you send these postcards for me?
> B: _____

❶ Sure. 　　　　❷ Yes, I can.
❸ Of course. 　❹ No problem.
❺ Yes, I must.

오답노트

13. 다음 밑줄 친 부분과 바꿔 쓸 수 있는 것은?

> A: <u>May</u> I use your cell phone?
> B: Sure, go ahead.

❶ Do 　　　　❷ Will 　　　　❸ Should
❹ Can 　　　　❺ Must

오답노트

14. 밑줄 친 can의 쓰임이 나머지 넷과 <u>다른</u> 하나는?

❶ My brother <u>can</u> play the piano well.
❷ I <u>can</u> solve the problem easily.
❸ <u>Can</u> you open the door, please?
❹ <u>Can</u> she ski?
❺ Dogs <u>can</u> swim very well.

오답노트

15. 다음 두 문장의 의미가 다른 것을 고르시오.

❶ It will rain soon.
　 = It is going to rain soon.
❷ You don't have to come early.
　 = You need not come early.
❸ You can go home.
　 = You may go home.
❹ We must not wait for him.
　 = We don't have to wait for him.
❺ She can drive a car.
　 = She is able to drive a car.

오답노트

16. 다음 밑줄 친 부분과 의미가 같은 것은?

> I have to study hard from now on.

❶ may   ❷ can   ❸ shall
❹ will   ❺ must

오답노트

17. 다음 빈칸에 들어갈 말로 적당하지 <u>않은</u> 것은?

> Can you _____?

❶ come over now
❷ write with your left hand
❸ speak English
❹ go shopping now
❺ understood his lecture

오답노트

18. 다음 빈칸에 들어갈 알맞은 말은?

> A: I'm going to the concert. Will you come with me?
> B: _____ I have to do my homework.

❶ I'm sorry, I can't.   ❷ Sure.
❸ Of course.   ❹ Yes, I will.
❺ Why not?

오답노트

[19-20] 아래 문장을 읽고, 빈칸에 들어갈 가장 알맞은 말을 고르시오.

19.

> Lucy won first prize in the math contest. I'm sure that she is very smart.

→ She _____ be smart.

❶ must   ❷ should   ❸ may
❹ will   ❺ don't have to

20.

> It's evening and Mary haven't eaten anything all day. It is possible that she is hungry.

→ She _____ be hungry.

❶ is going to   ❷ may   ❸ is able to
❹ should   ❺ has to

오답노트

A. 다음 사진에 어울리는 알맞은 표현을 골라 조동사 should 또는 should not(=shouldn't)을 이용하여 문 장을 완성하시오.

| do exercise | take your umbrella | go to bed early | not make a noise |

1.

You _____

for your health.

2.

You _____

in the library.

3.

It's raining.

You _____ .

4.

You _____ .

B. 우리말과 같은 뜻이 되도록 괄호 안의 단어를 배열하시오.

1. 너는 학교 버스를 타야 한다. (a school bus, have to, take, you)

= _____

2. 너는 비옷을 입는 게 좋겠다. (put on, you, your raincoat, had better)

= _____

3. 그녀는 피곤한 것이 틀림없다. (tired, she, be, must)

= _____

4. 리사는 도서관에 있을지도 모른다. (in the library, Lisa, be, may)

= _____

출제의도 능력을 나타내는 조동사 can

평가내용 can과 can't의 쓰임을 이해하고 문장 완성하기

A. 주어진 정보를 이용하여 can 의문문과 그 대답을 등장인물에 따라 모두 영작하시오.

[서술형 유형 : 16점 / 난이도 : 중하]

	(Karen)	(Nancy)	(Bob)
ride a bicycle	Yes	No	Yes
ski well	No	Yes	Yes
speak Korean	Yes	Yes	No

About Karen:

보기	*Can Karen ride a bicycle?* → *Yes, she can.*

1. _____ → _____

2. _____ → _____

About Nancy:

3. _____ → _____

4. _____ → _____

5. _____ → _____

About Bob:

6. _____ → _____

7. _____ → _____

8. _____ → _____

평가영역	채 점 기 준	배 점
유창성(Fluency) & 정확성(Accuracy)	올바른 표현과 함께 정확하게 완성한 경우 (문법, 철자가 모두 정확한 경우)	8 × 2 = 16점
	문법, 철자가 1개씩 틀린 경우	문항당 1점씩 감점
	내용과 일치하지 않거나 답을 기재하지 못한 경우	0점

출제의도 강한 의무를 나타내는 조동사 must

평가내용 must를 이용하여 해야 할 일과 하지 말아야 할 일 표현하기

B. 다음은 박물관 앞에 있는 안내판이다. must 또는 must not을 이용하여 안내판의 설명을 완성하시오.

[서술형 유형 : 12점 / 난이도 : 중상]

Welcome to the Art Museum!
Please follow the rules

| 보기 | | *You must not smoke in the museum.* |

1. _____

2. _____

3. _____

4. _____

평가영역	채 점 기 준	배 점
유창성(Fluency) & 정확성(Accuracy)	4개의 문장을 올바른 표현과 함께 정확하게 완성한 경우 (문법, 철자가 모두 정확한 경우)	4 × 3 = 12점
	문법, 철자가 1개씩 틀린 경우	문항당 1점씩 감점
	내용과 일치하지 않거나 답을 기재하지 못한 경우	0점

출제의도   강한 의무를 나타내는 조동사 must

평가내용   must를 이용하여 해야 할 일과 하지 말아야 할 일 표현하기

C. 다음 상황을 읽고 상대방에게 해줄 수 있는 충고를 쓰시오. (주어는 You로 할 것)

[서술형 유형 : 9점 / 난이도 : 상]

보기		Christina has a very bad cold and she is working now. → *You should go home. / You should see a doctor.*

1.

Brian has an exam tomorrow, but he hasn't studied for it.
He wants to watch TV now.

→ _____

2.

Sunny often goes to bed late, and gets up late.
She's often late for school.

→ _____

3.

James is making a sandwich.
He hasn't washed his hands, and he hasn't washed the vegetables
for the sandwich.

→ _____

평가영역	채 점 기 준	배 점
유창성(Fluency) & 정확성(Accuracy)	3개의 문장을 올바른 표현과 함께 정확하게 완성한 경우 (문법, 철자가 모두 정확한 경우)	3 x 3 = 9점
	문법, 철자가 1개씩 틀린 경우	문항당 1점씩 감점
	내용과 일치하지 않거나 답을 기재하지 못한 경우	0점

Chapter 7

의문사

Unit 01 의문사 I

1-1 be동사와 함께 쓰는 의문사

A: Who is she? 그녀는 누구니?
B: She is my girlfriend. 내 여자 친구야.

A: What is it? 그것은 무엇이니?
B: It is a book. 그것은 책이야.

01 be동사와 함께 의문사가 있는 의문문을 만들 때의 어순은 「**의문사 + be동사 + 주어 ~?**」로 쓴다. 의문사를 이용해 궁금한 것을 자세히 물어보기 때문에 **Yes나 No로 대답하면 안 된다.**

02 **궁금한 것이 사람일 때 who**(누구니?)**, 궁금한 것이 사물/동물일 때는 what**(무엇이니?)**을 쓴다.**

A: Who is that woman?
　저 여자는 누구니?
B: She is my mother.
　그녀는 우리 엄마야.

A: What are those things?
　저것들은 무엇이니?
B: They're my pet snakes.
　그것들은 나의 애완동물인 뱀이야.

03 **궁금한 것이 장소나 위치일 때 where**(어디니?)**, 궁금한 것이 시간이나 날짜일 때는 when**(언제니?)**을 쓴다.**

A: Where is Victoria?
　빅토리아는 어디에 있니?
B: She is at home.
　그녀는 집에 있어.

A: When is your birthday?
　네 생일이 언제니?
B: My birthday is on May 15th.
　내 생일은 5월 15일이야.

04 **궁금한 것이 '왜'라는 이유나 원인인 경우에는 why, 궁금한 것이 상태나 방법일 때는 how**(어떠니?)**를 쓴다.**

A: Why were you late for school?
　너는 왜 학교에 지각했니?
B: (Because) I got up late.
　늦게 일어났기 때문이야.

A: How are you today?
　오늘 기분이 어떠니?
B: I'm great.
　아주 좋아.

※ why 의문문에 대한 대답에서는 because를 생략해서 쓰기도 한다.

서술형 기초다지기

정답 p. 19

Challenge 1 다음 대답에 어울리는 의문문을 써 보세요.

01.

_____

– She is a doctor.

02.

_____

– It is a car.

03.

_____

– They are at the bus stop.

04.

_____

– They are happy.

Challenge 2 다음 괄호 안의 의문사와 문장을 이용해 의문문을 만드세요.

01. (Why / You are late)

→ _____

02. (How / The weather is in Daegu)

→ _____

03. (What / Your favorite color is)

→ _____

일반동사와 함께 쓰는 의문사

Lisa goes to school at 7 o'clock. 리사는 7시에 학교에 간다.
→ Does Lisa go to school at 7 o'clock? 리사는 7시에 학교에 가니?
→ When does Lisa go to school? 리사는 언제 학교에 가니?

---

01 일반동사와 함께 의문사가 있는 의문문을 만들 때의 어순은 의문사를 문장 맨 앞에 써서 「**의문사 + do/does + 주어 + 동사원형 ~?**」으로 만든다.

Who 누가 / Whom 누구를	do / does	주어 + 동사원형 ~?
What 무엇이, 무엇을, 어떤, 무슨 / When 언제		
Where 어디서 / Why 왜		
How 어떻게 / Which 어느 것, 어느 ~		

How do they go to school? 그들은 학교에 어떻게 가니?
Why do you like Daniel? 너는 왜 다니얼을 좋아하니?
Which do you like better, pizza or spaghetti? 피자와 스파게티 중 어느 것이 더 좋니?
When does the strange woman smile at you? 언제 그 이상한 여자가 널 보고 웃니?
What does your father do? 너의 아빠 직업은 뭐니?

02 궁금한 것을 정확하게 물어보므로 **Yes나 No로 대답할 수 없다.** 대답은 짧게 할 수도 있고 길게 할 수도 있다.

A: What time(= When) does Tom go to school? 톰은 몇 시에 학교에 가니?
B: At 7 o'clock. / He goes to school at 7 o'clock. 7시에 학교에 가.

A: When does the movie start? 그 영화는 언제 시작하니?
B: At 5 p.m. / The movie starts at 5 p.m. 영화는 5시에 시작해.

A: Why do you love Kathy? 너는 왜 캐시를 사랑하니?
B: Because she is pretty. 예쁘니까.

Challenge 1 다음 빈칸에 의문사 when, where, why 중 알맞은 것을 고르세요.

01. _____ does he finish his work?

02. _____ does she like Peter?

03. _____ do you come from?

04. _____ do you live?

05. _____ does the summer vacation begin?

06. _____ don't you call me later?

Challenge 2 다음 대답에 어울리도록 알맞은 의문사로 의문문을 완성하세요.

> 보기
> A: *How do you go* to school?
> B: By school bus. / I go to school by school bus.

01. A: _____ every day?
    B: At the cafeteria. / Sunny eats lunch at the cafeteria every day.

02. A: _____
    B: At 8:00. / The movie starts at 8:00.

03. A: _____
    B: Because it's important. / I study English because it's important.

04. A: _____
    B: In Australia. / Kangaroos live in Australia.

1-3 진행형과 함께 쓰는 의문사

A: Who is sleeping in class?
수업 중에 누가 잠을 자고 있니?
B: Jane is sleeping. 제인이 자고 있다.

A: What is the woman doing? 그 여자는 무엇을 하고 있니?
B: She's speaking on the phone and walking.
전화 통화를 하면서 걷고 있어.

01 진행형과 함께 의문사가 있는 의문문을 만들 때는 「**의문사 + be동사 + 주어 + V-ing?**」의 어순으로 쓴다.

의문사	Be동사	주어	진행형 동사
Where	are	you	
What	is	he	
Why	is	she	V-ing~?
When			
Who(m)*	is	Tom/Mary/Peter/it	
How	are	they	

＊구어체에서는 whom보다 who를 더 많이 쓴다.

She's listening to music. 그녀는 음악을 듣고 있다.
→ Is she listening to music? 그녀는 음악을 듣고 있니?
→ What is she doing? 그녀는 무엇을 하고 있니?

Sunny is going to the park. 써니는 공원에 가고 있다.
→ Is Sunny going to the park? 써니는 공원에 가고 있니?
→ Where is Sunny going? 써니는 어디에 가고 있니?

They are sitting on the bench. 그들은 벤치에 앉아 있다.
→ Are they sitting on the bench? 그들은 벤치에 앉아 있니?
→ Who is sitting on the bench? 누가 벤치에 앉아 있니?

※ 의문사 Who가 주어로 사용될 때는 3인칭 단수 취급하여 동사도 단수를 쓴다.

서술형 기초다지기

Challenge 1

다음 괄호 안의 표현 중 알맞은 것을 고르고 주어진 단어를 활용하여 의문문에 대한 대답을 쓰세요.

보기

A: (What are / (Who is)) flying a kite?
B: *Scott is flying a kite*. (Scott)

01.

A: (What is / Who is) Bob doing?
B: _____ (swim)

02.

A: (What is / Who is) Jessica doing?
B: _____ (play tennis)

Challenge 2

다음 괄호 안의 의문사를 이용하여 의문문을 만들어 보세요.

보기

He's watching a movie. (what)
→ *What is he watching?*

---

01. They're going to school. (where)
→ _____

02. Sandra is taking an umbrella because it is raining. (why)
→ _____

03. Lucy is talking to her father. (who)
→ _____

A: Where **did** you go on Sunday? 일요일에 어디 갔었니?
B: I went to the beach. 해변에 갔었어.
A: **What** did you do? 무엇을 했는데?
B: I went surfing, of course. 물론 서핑을 하러 갔지.

01 과거시제와 함께 의문사가 있는 의문문을 만들 때는 「**의문사 + did + 주어 + 동사원형 ~?**」의 **어순**이 된다. 이
때 did가 과거임을 나타내 주는 조동사 역할을 하기 때문에 동사는 반드시 원형으로 써야 한다.

의문사	조동사	주어	동사
What When Where Who How Why	did	I / we / you	동사원형 ~?
		she / he / it	
		they	

I saw her yesterday morning. 나는 어제 아침에 그녀를 봤다.

→ **Did** you see her yesterday morning? 어제 아침에 그녀를 봤니?

→ **When** did you see her? 너는 그녀를 언제 봤니?

02 Yes나 No로 대답할 수 없고 **의문문에 사용된 시제와 같은 시제를 써서 대답**한다. 즉 현재는 현재로, 과거는
과거로, 진행형은 진행형으로 대답하는 것이 일반적이다.

A: What **did** Brian buy? 브라이언은 무엇을 샀니?
B: He **bought** some music CDs. 그는 몇 장의 음악 CD를 샀어.

A: Where **does** Jim go every Saturday? 짐은 매주 토요일에 어디에 가니?
B: He **goes** fishing with his father. 그는 아빠와 함께 낚시하러 가.

A: What **is** Tom **doing** now? 톰은 지금 무엇을 하고 있니?
B: He **is** listening to music. 그는 음악을 듣고 있어.

서술형 기초다지기

Challenge 1   〈보기〉와 같이 질문에 알맞은 대답을 괄호 속 단어를 사용하여 써 보세요.

> **보기**
> Where did you buy this T-shirt? (in the market)
> → I *bought this T-shirt in the market.*

01. What did you buy at the store? (some fruits)

→ _____

02. Where did he get the tickets? (from his brother)

→ _____

03. When did she go to Germany? (last Saturday)

→ _____

Challenge 2   〈보기〉와 같이 밑줄 친 부분을 물어보는 의문사를 써서 의문문을 만들어 보세요.

> **보기**
> *Who did you see?* – I saw Susan.

01. _____ – I saw her yesterday morning.

02. _____ – I saw her in a cafe.

03. _____ – She read the newspaper.

04. _____ – She looked happy.

1-5 과거진행형과 함께 쓰는 의문사

A: What was she doing an hour ago?
한 시간 전에 그녀는 무엇을 하고 있었니?

B: She was playing badminton.
그녀는 배드민턴을 치고 있었어.

01 과거진행형과 함께 의문사가 있는 의문문을 만들 때는 「**의문사 + was/were + 주어 + V-ing?**」의 어순으로 쓴다.

의문사	Be동사	주어	진행형 동사
What	was	I	
Where	were	you	
When	was	he / she / it	V-ing
Why	were	you	
Who(m)*	were	they	

＊구어체에서는 whom보다 who를 더 많이 쓴다.

Jacob was walking to the park. 제이콥은 공원으로 걸어가고 있었다.

→ Was Jacob walking to the park? 제이콥은 공원으로 걸어가고 있었니?

→ Where was Jacob walking? 제이콥은 어디로 걸어가고 있었니?

02 의문사(Who/What) 자체가 주어인 경우가 있다. 이때는 「**의문사(Who/What) + 동사 ~?**」의 어순으로 쓰고, 시제는 의문문에 쓰인 시제를 따른다.

Who was playing the piano? 누가 피아노를 연주하고 있었니?
– Emily was. 에밀리야.

Who is teaching you English now? 누가 지금 너에게 영어를 가르치고 있니?
– Mr. Bobby is. 바비씨야.

Who lived in this house? 누가 이 집에 살았니?
– Sylvia did. 실비아가 살았어.

Who is your favorite singer? 가장 좋아하는 가수는 누구니?
– Rain is. 가수 비야.

서술형 기초다지기

Challenge 1 괄호 안의 의문사와 동사를 이용하여 대답과 어울리는 의문문을 완성하세요.

01. _____ last night? (what, do)

　　– I was having dinner with my family.

02. _____ when I saw you yesterday? (where, go)

　　– I was going to E-Mart with my mother.

Challenge 2 다음 표를 참고하여 의문문에 대한 답을 쓰세요.

Time	Who	What
6:30 ~ 7:30	Kelly and Lisa	jog
9:00 ~ 10:00	Sunny	wash her car

01. Q: What were Kelly and Lisa doing at 7:00?

　　A: _____

02. Q: What was Sunny doing at 9:30?

　　A: _____

Challenge 3 밑줄 친 부분을 의문사 Who나 What을 주어로 하는 의문문으로 고쳐 쓰세요.

보기	Somebody lives in this house.	→	*Who lives in this house?*

01. Somebody broke the window.　→ _____

02. Something happened last night.　→ _____

03. Somebody knows the answer.　→ _____

04. Something made me sick.　→ _____

Unit 02 의문사Ⅱ

2-1 which, what, whose

Which do you like better, apples or doughnuts?
사과와 도넛 중에 어느 걸 더 좋아하니?

What do you want to eat?
너는 무엇을 먹고 싶니?

01 2가지 이상의 정해진 것들 중에서 어느 하나를 선택할 때는 의문사 which를 쓰고, 선택 범위가 정해져 있지 않을 때는 what을 쓴다.

There are three umbrellas here. Which is yours? 여기에 세 개의 우산이 있다. 어느 것이 네 것이니?

What is your favorite color? 가장 좋아하는 색깔이 뭐니?

02 의문형용사는 의문사 뒤에 명사가 있어 그 명사를 꾸며 주는데 **what은 '무슨, 어떤', which는 '어느, 어떤'**이란 의미로 사용된다.

What color is your car? 당신의 차는 어떤 색입니까?

What kind of job do you want? 당신은 어떤 종류의 직업을 원하십니까?

What day is it today? 오늘은 무슨 요일이니? − It's Saturday. 토요일이야.

Which bus goes to the museum? 어느 버스가 박물관으로 가니?

Whose schoolbag is this? 이건 누구의 책가방이니? − It's mine. 그건 내 거야.

※ whose는 who의 소유격으로 '누구의'라는 의미이며 명사 앞에 쓰인다. 명사 없이 단독으로 대명사 역할을 할 수도 있는데 이때는 소유대명사로서 '누구의 것'이라는 뜻이다.

Whose pencil is this? 이것은 누구의 연필이니? ▶ 형용사: 누구의

− It's Nancy's pencil. 낸시의 연필이야.

Whose is this pencil? 이 연필은 누구의 것이니? ▶ 대명사: 누구의 것

− It's mine. 내 거야.

서술형 기초다지기

Challenge 1 다음 빈칸에 which와 what 중 알맞은 것을 쓰세요.

01. _____ do you want, cheese or butter?

02. _____ kind of car does she want?

03. _____ sport does she enjoy, tennis or soccer?

04. _____ food do you like?

05. _____ bus goes to the City Hall?

06. _____ do you like better, pizza or spaghetti?

Challenge 2 다음 괄호 안의 단어와 whose를 이용하여 의문문을 2개씩 만들어 보세요.

보기	(bicycle / this) → *Whose bicycle is this?* → *Whose is this bicycle?* – It's Nancy's.

01. (ball / that)

→ _____

→ _____

  – It's Peter's.

02. (shoes / those)

→ _____

→ _____

  – They are Ted's.

03. (hat / that)

→ _____

→ _____

  – It's Jane's.

2-2 how + 형용사/부사

How much milk do you drink?
우유를 얼마나 많이 마시니?

How long is that bridge?
저 다리의 길이는 얼마나 되니?

---

01 「How many + 셀 수 있는 명사」, 「How much + 셀 수 없는 명사」는 수나 양이 '얼마나 많은지'를 물어보는 말이다.

How many pencils does she have? 그녀는 얼마나 많은 연필을 가지고 있니?
How much coffee do you drink? 너는 커피를 얼마나 많이 마시니?

---

02 **How long ~?**: 얼마나 긴 ~? (길이), 얼마나 오래 ~? (기간)

How long is the fish? 그 물고기는 길이가 얼마나 되죠? ▶ 길이
– 50 centimeters long. 50센티미터요.

How long are you going to stay here? 여기에 얼마나 머물 예정인가요? ▶ 기간
– (We're going to stay here for) Three days. 3일이요.

---

03 **How far ~?**: 얼마나 먼 ~? (거리)
How tall ~?: 얼마나 높은 ~? (높이), 얼마나 큰 ~? (키)

How tall is the Seoul Tower? 서울 타워의 높이가 얼마나 되니? ▶ 높이
– (It's) 236 meters. 236미터야.

How tall is Jane? Jane의 키가 얼마나 되니? ▶ 키
– (She is) 160 centimeters tall. 160센티미터야.

How far is it from here to the airport? 여기에서 공항까지 거리가 얼마나 되니? ▶ 거리
– About 17 kilometers. 약 17km 정도야.

---

04 **How old ~?**: 얼마나 나이 든 ~? (나이), 얼마나 오래된 ~? (연수)
How often ~?: 얼마나 자주 ~? (빈도, 횟수)

How old is your mother? 네 엄마는 몇 살이시니? ▶ 나이
– (She's) 48 years old. 엄마는 48살이셔.

How often do you go shopping? 너는 얼마나 자주 쇼핑을 가니? ▶ 빈도
– (I go shopping) Once a month. 한 달에 한 번.

Challenge 1 「many+명사」 또는 「much+명사」를 써서 다음 문장을 완성하세요.

01. How _____ do you eat? (cheese)

02. How _____ do you visit? (city)

03. How _____ do you need? (rice)

04. How _____ sing together? (girl)

Challenge 2 다음 문장을 〈보기〉와 같이 의문부사 how를 활용한 의문문으로 만들어 보세요.

| 보기 | Your father is old. → *How old is your father?* |

01. Your brother is tall. → _____

02. The river is long. → _____

03. It is far. → _____

04. The bus stop is far from here. → _____

05. You go to the movies often. → _____

01 출제 100% - How many와 How much를 구별하라.

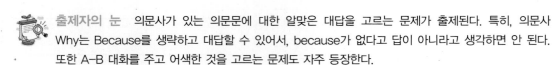 **출제자의 눈** '얼마나 많은'의 뜻으로 셀 수 있는 명사 앞에는 How many, 셀 수 없는 명사 앞에는 How much를 쓰거나 How many/much를 주고 빈칸에 알맞은 명사를 넣는 문제가 출제될 수 있다.

Ex 1.

빈칸에 들어갈 말은?

A: How much _____ does he want?

B: He wants thirty dollars.

(a) books   (b) money   (c) apples   (d) dollars

Ex 2.

빈칸에 들어갈 말은?

A: _____ brothers or sisters do you have?

B: I only have a brother.

(a) How much   (b) How old   (c) How   (d) How many

02 출제 100% - 의문사에 대한 알맞은 대답을 찾아라.

출제자의 눈 의문사가 있는 의문문에 대한 알맞은 대답을 고르는 문제가 출제된다. 특히, 의문사 Why는 Because를 생략하고 대답할 수 있어서, because가 없다고 답이 아니라고 생각하면 안 된다. 또한 A-B 대화를 주고 어색한 것을 고르는 문제도 자주 등장한다.

Ex 3.

다음 질문에 대한 대답으로 알맞은 것은?

How often do you clean your room?

(a) She does her homework.   (b) For about an hour.

(c) Twice a week.   (d) Yes, I do.

Ex 4.

B의 대답이 나올 수 있는 A의 질문으로 알맞은 것은?

A: _____

B: She told me a lie.

(a) What is your job?   (b) Who told a lie?

(c) How did you fight with her?   (d) Why did you fight with her?

03 출제 100% - what과 which를 구별하라.

 출제자의 눈 which는 선택의 범위가 정해졌을 때, what은 선택의 범위가 정해지지 않았을 때 쓰는데 둘을 구별하는 문제가 출제된다. 빈칸에 알맞은 의문사를 넣거나 공통으로 들어갈 의문사 찾기 문제, 우리말 뜻을 주고 알맞은 의문사와 함께 부분 영작하는 문제도 출제된다.

Ex 5.

빈칸에 들어갈 말은?
A: _____ did you do last weekend?
B: I went to Lotte World.
(a) Which　　　　(b) What　　　　(c) Why　　　　(d) Whom

Ex 6.

밑줄 친 부분을 물어보는 의문문을 만드시오.
Judy is sitting <u>on the bench</u>.
→ _____

04 출제 100% - 의문사 how의 다양한 쓰임을 이해하라.

 출제자의 눈 How old / far / tall / long / often ~? 중에서 제시된 대답과 어울리는 의문문을 고르는 문제가 출제된다. how long이나 how old가 들어간 문제에서 how를 빈칸 처리하여 how 자체를 쓸 줄 아는지를 물어보는 문제도 출제된다. 또한 대답을 보고 알맞은 의문부사를 이용하여 부분 영작하는 주관식 문제도 출제될 수 있다.

Ex 7.

빈칸에 들어갈 말이 알맞게 짝지어진 것은?
· _____ green tea do you drink a day?
· _____ do you watch TV on Sundays?
(a) How many – How long　　　(b) How much – How long
(c) How often – How much　　　(d) How much – How far

Ex 8.

빈칸에 들어갈 말이 나머지 셋과 <u>다른</u> 것은?
(a) _____ tall is he?　　　(b) _____ many boys are there?
(c) _____ are you from?　　　(d) _____ far is it from Seoul to Busan?

[1-2] 주어진 질문에 대한 알맞은 대답을 고르시오.

1.

> Where are you going, Kelly?

❶ In the kitchen.　❷ To the grocery store.
❸ At 12 p.m.　❹ With my sister.
❺ On weekends.

2.

> When do you go to your piano lesson?

❶ By car.
❷ English and math.
❸ It's near my school.
❹ I went there yesterday.
❺ Every Wednesday and Friday.

3. 다음 빈칸에 들어갈 알맞은 말을 고르시오.

> A: _____ is the concert?
> B: It's the day after tomorrow.

❶ Why　　❷ How　　❸ What
❹ Where　❺ When

4. 다음 밑줄 친 부분에 들어갈 적당한 어구를 쓰시오.

> A: _____ do you go to the movies?
> B: Once a month.

[5-7] B의 대답에 알맞은 질문 A를 ⓐ~ⓒ에서 고르시오.

> ⓐ Which food do you want, spaghetti or bibimbap?
> ⓑ What time does the movie start?
> ⓒ Whose umbrella is this?

5. A: ____　　– B: It's Mina's.

6. A: ____　　– B: I want spaghetti.

7. A: ____　　– B: It starts at six thirty.

8. 다음 우리말을 영어로 바르게 옮긴 것은?

> 너는 학교에 어떻게 가니?

❶ What did you do at school?
❷ Why did you go to school?
❸ When do you go to school?
❹ How did you go school?
❺ How do you go to school?

9. 다음 빈칸에 공통으로 들어갈 알맞은 말을 쓰시오.

> A: _____ does your father do?
> B: He is a teacher. _____ about you?
> A: My father is a veterinarian.

10. 다음 짝지어진 대화가 어색한 것은?

❶ A: How often does Jane read books?
　 B: Twice a week.
❷ A: Who's that boy?
　 B: He's my brother.
❸ A: What do you want, Jane?
　 B: I want to be a movie director.
❹ A: What time shall we meet?
　 B: Let's meet at four.
❺ A: How often does he cook for his family?
　 B: About twice a week.

11. 다음 괄호 안의 단어를 우리말에 맞게 배열하시오.

> 너는 아침 몇 시에 학교에 가니?
> = What _____
> in the morning?
> (do, go, you, time, school, to)

오답 노트 만들기

★틀린 문제 : _____   ★다시 공부한 날 : _____

(1) 문제를 왜? 틀렸는지 곰곰이 생각하고 그 이유를 적어본다.

(2) 핵심 개념을 적는다.

(3) 자신이 몰랐던 단어와 숙어 표현이 있으면 정리한다.

(4) 해설집에서 필요한 부분을 골라 풀이 해법을 정리한다.

★틀린 문제 : _____   ★다시 공부한 날 : _____

(1) 문제를 왜? 틀렸는지 곰곰이 생각하고 그 이유를 적어본다.

(2) 핵심 개념을 적는다.

(3) 자신이 몰랐던 단어와 숙어 표현이 있으면 정리한다.

(4) 해설집에서 필요한 부분을 골라 풀이 해법을 정리한다.

★틀린 문제 : _____   ★다시 공부한 날 : _____

(1) 문제를 왜? 틀렸는지 곰곰이 생각하고 그 이유를 적어본다.

(2) 핵심 개념을 적는다.

(3) 자신이 몰랐던 단어와 숙어 표현이 있으면 정리한다.

(4) 해설집에서 필요한 부분을 골라 풀이 해법을 정리한다.

★틀린 문제 : _____   ★다시 공부한 날 : _____

(1) 문제를 왜? 틀렸는지 곰곰이 생각하고 그 이유를 적어본다.

(2) 핵심 개념을 적는다.

(3) 자신이 몰랐던 단어와 숙어 표현이 있으면 정리한다.

(4) 해설집에서 필요한 부분을 골라 풀이 해법을 정리한다.

[1-3] 다음 빈칸에 알맞은 의문사를 고르시오.

1.

> A: _____ is he?
> B: He is my uncle.

❶ Who   ❷ Which   ❸ Whose
❹ What   ❺ Whom

오답노트

2.

> A: _____ is your birthday?
> B: It's on July 7th.

❶ What   ❷ Who   ❸ When
❹ Which   ❺ Where

오답노트

3.

> A: _____ movie would you like to see?
> B: I want that horror movie.

❶ Who   ❷ Whose   ❸ Which
❹ Where   ❺ How

오답노트

4. 두 문장의 뜻이 같도록 빈칸에 알맞은 말을 쓰시오.

> Whose MP3 player is this?
> = _____ is this MP3 player?

오답노트

[5-6] 다음 질문에 대한 대답으로 가장 알맞은 것을 고르시오.

5.

> A: When does the train leave?
> B: _____

❶ With my friends.   ❷ Because it's slow.
❸ It's comfortable.   ❹ At 9 a.m.
❺ It leaves for Seoul.

오답노트

6.

> A: How was your trip to Jejudo?
> B: _____

❶ In the dark.   ❷ It was great.
❸ Yes, I enjoyed it.   ❹ I lost my bag.
❺ I'm from Australia.

오답노트

7. 다음 대화의 빈칸에 들어갈 말로 적절한 것은?

> A: _____ does it take from here to your home?
> B: It takes 30 minutes on foot.

❶ How old   ❷ How long
❸ How much   ❹ How often
❺ How far

오답노트

8. 다음 대화의 빈칸에 적절하지 <u>않은</u> 것을 고르시오.

> A: Whose schoolbag is this?
> B: It is _____.

❶ her ❷ mine
❸ Lucy's ❹ my brother's
❺ my mother's

오답노트

[9-10] 다음 대화를 읽고 물음에 답하시오.

> A: ___(가)___ do you live?
> B: I live in Gangnam.
> A: How do you go to school?
> B: I go to school by bus. It takes about 30
>   minutes. What about you?
> A: I live near here, so I go to school by
>   bicycle.
> B: ___(나)___ does it take?
> A: About 10 minutes.

9. 위 대화의 (가), (나)에 들어갈 말을 쓰시오.

(가) _____

(나) _____

10. 위 대화 내용과 일치하지 <u>않는</u> 것은?

❶ B는 강남에 살고 있다.
❷ B는 버스로 학교에 다닌다.
❸ A는 지하철로 통학한다.
❹ B는 학교에 가는 데 30분이 소요된다.
❺ A는 학교에 가는 데 10분이 소요된다.

오답노트

11. 다음 대화의 빈칸에 알맞은 것은?

> A: _____
> B: I read it before breakfast.

❶ What is this?
❷ Whose is this newspaper?
❸ Where is the newspaper?
❹ Why do you read the newspaper?
❺ When do you read the newspaper?

오답노트

12. 다음 중 어법상 어색한 것은?

> A: ❶ Which ❷ music do you like better,
>   pop song ❸ and hip-hop?
> B: ❹ I like pop song ❺ better.

오답노트

13. 다음 빈칸에 들어갈 말이 나머지 넷과 다른 것은?

❶ A: _____ did you buy at the store?
   B: I bought a gift for my dad.
❷ A: _____ does your father do?
   B: He is a teacher.
❸ A: _____ do you like better, a dog or a cat?
   B: I like a dog better than a cat.
❹ A: _____ is your favorite subject?
   B: My favorite subject is English.
❺ A: _____ sport do you like?
   B: I like soccer.

오답노트

[14-16] 우리말에 맞도록 단어를 배열하시오.

14. 누가 그녀를 방문했니? (her, who, visited)

→ _____

15. 차와 커피 중 너는 어느 것을 더 좋아하니?
(prefer, tea, you, coffee, do, which, or)

→ _____

16. 그녀는 몇 시에 집으로 돌아왔니?
(time, did, what, come back, she, home)

→ _____

오답노트

19. 다음 빈칸에 들어갈 말이 알맞게 짝지어진 것은?

> A: ____ does your father usually get up?
> B: He gets up at 6:00.
> A: ____ does he do so early?
> B: He goes jogging every morning.

❶ What time − When　❷ What − When
❸ What time − What　❹ When − Which
❺ When time − What

오답노트

[17-18] 밑줄 친 부분을 묻는 의문문으로 바른 것은?

17.

> He is playing the cello.

❶ Who is playing?
❷ When is playing Mark?
❸ Why is Mark playing?
❹ What is Mark doing?
❺ Where is Mark playing?

18.

> They are sitting in a restaurant.

❶ Who is sitting?
❷ What are they doing?
❸ Where are they sitting?
❹ Where are they going?
❺ How are they feeling?

오답노트

[20-23] 다음 표를 참고하여 빈칸에 알맞은 말을 쓰시오.

	Peter	Seo-yoon
Morning	take a walk	read a newspaper
Evening	study Korean	take a shower

20. _____ studies Korean in the evening?
 − Peter does.

21. What does Seo-yoon do in the morning?
 − She _____.

22. _____ does Peter do in the morning?
 − He takes a walk.

23. _____ takes a shower in the evening?
 − Seo-yoon does.

오답노트

A. 다음 대답을 참고하여 How many 또는 How much ~? 의문문을 완성하시오.

1. _____

   – There are three roses in the vase.

2. _____

   – I need two pounds of sugar.

3. _____

   – There are seven students in the classroom.

4. A: Do you drink milk every day?

   B: Yes.

   A: _____

   B: I drink two glasses of milk.

B. 다음 괄호 안의 단어와 「Whose+명사」를 이용하여 의문문을 완성하시오.

1. _____ (ball / that)

   – It's Steve's.

2. _____ (cell phone / that)

   – It's Lucy's.

C. 다음 괄호 안의 의문사와 표현을 이용해 의문문을 만드시오.

1. _____ (Who / The student is)

2. _____ (Why / Your father is angry)

3. _____ (How / Tom often brushes his teeth)

4. _____ (How / Your winter vacation is long)

실전 서술형 평가문제

출제의도 Wh-로 시작하는 의문문 만들기
평가내용 실생활에서 의문문을 활용한 문장 만들기

A. 〈보기〉와 같이 의문사를 이용하여 알맞은 의문문을 영작하시오.   [서술형 유형 : 10점 / 난이도 : 중하]

보기

Q: Who is she?
A: *She is a doctor.*

1.

Q: _____
A: It is a car.

2.

Q: _____
A: They are at the bus stop.

3.

Q: _____
A: They are happy.

4.

Q: _____
A: It is Nancy's car.

5.

Q: _____
A: Her birthday is on March 23.

평가영역	채 점 기 준	배 점
유창성(Fluency) & 정확성(Accuracy)	5개의 문장을 올바른 표현과 함께 정확하게 완성한 경우 (문법, 철자가 모두 정확한 경우)	5 × 2 = 10점
	의문사를 올바로 사용하지 못했거나 어순이 틀린 경우	문항당 1점씩 감점
	내용과 일치하지 않거나 답을 기재하지 못한 경우	0점

출제의도 Wh-로 시작하는 의문문 만들기
평가내용 글을 읽고 내용과 일치하는 의문문 만들기

B. 케빈(Kevin)에 관한 이야기를 읽고 〈보기〉와 같이 How many나 How much를 이용한 의문문을 만드시오.

[서술형 유형 : 12점 / 난이도 : 중상]

Kevin is always hungry. He drinks six glasses of milk. He eats five eggs and seven slices of bread with a lot of butter and cheese. Then he drinks some coffee with four doughnuts. He spends a lot of money on breakfast.

보 기	*How much milk does he drink?* (milk / drink) — He drinks six glasses of milk.

1. _____ (eggs / eat)
   — He eats five eggs.

2. _____ (slices of bread / eat)
   — He eats seven slices of bread.

3. _____
   (butter and cheese / put on the bread)
   — He puts a lot of butter and cheese on the bread.

4. _____ (doughnut / eat)
   — He eats four doughnuts.

5. _____ (coffee / drink)
   — He drinks some coffee.

6. _____ (money / spend)
   — He spends a lot of money on breakfast.

평가영역	채 점 기 준	배 점
유창성(Fluency) & 정확성(Accuracy)	6개의 문장을 모두 올바른 표현과 함께 정확하게 완성한 경우 (문법, 철자가 모두 정확한 경우)	6 x 2 = 12점
	의문 부사를 올바로 사용하지 않았거나 어순이 틀린 경우	문항당 1점씩 감점
	내용과 일치하지 않거나 답을 기재하지 못한 경우	0점

실전 서술형 평가문제

출제의도 Wh-로 시작하는 의문문 만들기
평가내용 일상생활 속에서 의문문 만들기

C. 다음은 Victoria에 관한 사진이다. 〈보기〉와 같이 주어진 답이 나올 수 있는 의문문을 영작하시오.

[서술형 유형 : 8점 / 난이도 : 중상]

보기		A: *Where does Victoria live?* B: In Seoul. / She lives in Seoul.

1.

A: _____

B: By school bus. / She goes to school by school bus.

2.

A: _____ every day?

B: At the cafeteria. / She eats lunch at the cafeteria every day.

3.

A: _____

B: Because it's important. / She studies Korean because it's important.

4.

A: _____

B: At 10:00. / She usually goes to bed at 10:00.

평가영역	채 점 기 준	배 점
유창성(Fluency) & 정확성(Accuracy)	4개의 문장을 모두 올바른 표현과 함께 정확하게 완성한 경우 (문법, 철자가 모두 정확한 경우)	4 × 2 = 8점
	의문 부사를 올바로 사용하지 못했거나 어순이 틀린 경우	문항당 1점씩 감점
	내용과 일치하지 않거나 답을 기재하지 못한 경우	0점

중학교 1학년 영문법

1-A

한국에서 유일한
중학영문법
알짜 2000제

📖 BOOK 정답 및 해설

Iam books

중학교 1학년 영문법

1-A

한국에서 유일한

중학영문법

알짜 2000제

정답 및 해설

I am books

1-1 be동사의 종류 / be동사+명사[형용사] p. 11

Challenge 1

01 is   02 is   03 are
04 is

Challenge 2

01 am   02 is   03 is
04 are   05 are   06 is

Challenge 3

01 The books are very funny.
02 My mother is a teacher.
03 The house is very big.
04 It is a comic book.
05 They are smart.

1-2 be동사+장소 / be동사의 부정문 p. 13

Challenge 1

01 is under the tree   02 is in the hospital
03 are at the bus stop   04 is on the table

Challenge 2

01 She's not / She isn't
02 They're not / They aren't
03 We're not / We aren't
04 He's not / He isn't
05 You're not / You aren't

1-3 be동사의 의문문(Yes/No 의문문) p. 15

Challenge 1

01 Are you a lawyer?   02 Are they cooks?
03 Is it a dictionary?

Challenge 2

01 Is / it is   02 Are / they are
03 Is / she isn't

Challenge 3

01 Are the elephants small? / they aren't

02 Is your father a teacher? / he is
03 Are Kevin and Bob in the classroom?
/ they aren't
04 Is your sister a pilot? / she is

2-1 be동사의 과거형과 부정문 p. 17

Challenge 1

01 wasn't / was   02 weren't / were
03 weren't / were

Challenge 2

01 was / am   02 is / wasn't
03 was / is   04 are / weren't

2-2 be동사 과거형의 의문문 p. 19

Challenge 1

01 he was   02 they weren't
03 it was   04 she was

Challenge 2

01 Were you at home yesterday? / I wasn't
02 Was she nervous on the first day of class?
/ she was
03 Were the girls at the library last night?
/ they weren't
04 Were you and your family in London last year?
/ we were

이것이 시험에 출제되는 영문법이다! p. 20

Ex1 (e)   Ex2 (c)   Ex3 aren't
Ex4 Mozart was not(=wasn't) a painter.
Ex5 (d)   Ex6 (d)   Ex7 (c)   Ex8 (b)

| 해설 |

Ex1 Jane은 3인칭 단수 주어이므로 be동사 is를 쓴다.
Ex2 (c)는 be동사 뒤에 장소가 와서 '~에 있다'의 뜻이고, 나
머지는 모두 be동사 뒤에 명사가 와서 '~이다'의 뜻이다.
Ex3 are 뒤에 not만 붙이면 된다. 축약형은 aren't이다.
Ex4 was 뒤에 not만 붙이면 된다. 축약형은 wasn't이다.
Ex5 last night이라는 과거표시어구가 있으므로 be동사는 과

거 was를 써야 한다. 주어가 단수(Lora)이므로 were를 쓰면 안 된다.

Ex6 yesterday가 있으므로 be동사는 was가 되고 now가 있으므로 be동사는 am을 쓴다.

Ex7 these는 복수의 대명사이므로 they를 이용하여 긍정으로 대답한다.

Ex8 China는 단수 주어라서 be동사도 단수인 isn't를 썼다. 따라서 be동사 뒤의 명사도 단수(a city)가 되어야 한다.

기출 응용문제
p. 22

1	⑤	2	③	3	②	4	①
5	③	6	②	7	①	8	④

| 해설 |

1 ⑤의 주어(Mr. Steve)는 단수이므로 be동사 is를 쓴다. 나머지는 모두 복수 주어이므로 be동사 are를 쓴다.

2 ③의 Tom and I는 복수 주어이다. 따라서 be동사 are를 쓰고 나머지는 모두 3인칭 단수 주어이므로 is를 쓴다.

3 Mr. Kim은 남자이고, 한 명을 나타내므로 대명사 He와 be동사 is를 쓴다.

4 am not은 amn't로 축약해서 쓰지 않는다. I'm not 또는 I am not으로 쓴다.

5 주어가 복수 they이므로 대답 또한 they를 이용하여 No, they aren't.로 해야 한다.

6 상대방 You에게 물어봤으므로 대답은 I로 한다. 캐나다가 아니라 태국에서 왔으므로 부정 대답인 No, I'm not.으로 쓴다.

7 MP3 player는 단수이면서 사물이므로 대명사 it을 쓰고, your로 물어봤으므로 대답은 Yes, it's mine(=my MP3 player).으로 한다.

8 ④의 be동사 were는 전치사구 at the party가 있으므로 '~에 있다'의 뜻이다. 나머지는 모두 '~이다'의 뜻이다.

중간 · 기말고사 100점 100승
p. 24

1	④	2	③	3	is	4	Am
5	are	6	④	7	②	8	④
9	③	10	①	11	she is	12	they weren't
13	it is	14	were / was				

15 Marilyn Monroe[She] wasn't a painter.

16	③	17	⑤	18	②	19	Are you
20	Is she	21	No / aren't	22	No / isn't		
23	④						

24 Is he an actor? / He isn't(=He's not) an actor.

| 해설 |

1 ① 주어가 she이므로 대답 또한 it이 아닌 she로 한다. ② Mr. Brown은 남자이므로 대답은 she가 아닌 he로 한다. ③ 대답이 부정이므로 they aren't로 답한다. ⑤ be동사 과거의문문이므로 대답 또한 be동사의 과거인 was로 한다.

2 not은 be동사(were) 바로 뒤에 붙인다.

3 This는 단수 주어이므로 be동사 is를 쓴다.

4 주어가 1인칭 단수(I)이므로 be동사 am을 쓴다.

5 shoes는 복수 주어이므로 be동사 are를 쓴다.

6 Peter를 대명사 he로 쓰고 be동사 과거의문문이므로 대답문의 be동사도 과거를 써야 한다.

7 ②는 '~에 있다'의 뜻, 나머지는 모두 '~이다'의 뜻이다.

8 be동사의 시제가 과거이므로 미래를 나타내는 tomorrow와 함께 쓸 수 없다.

9 be동사가 단수 is이므로 주어에 복수인 they를 쓸 수 없다.

10 she로 대답하므로 의문문에서도 she가 주어로 쓰여야 한다. 또, 현재(is)로 대답했으므로 의문문 또한 be동사 현재인 is를 쓴다.

11 대명사와 be동사 현재를 그대로 사용하여 답한다.

12 주어 they를 그대로 쓰고 과거 부정이므로 weren't를 쓴다.

13 사물 단수 주어(it)이고, 현재 긍정이므로 is를 쓴다.

14 yesterday라는 과거표시어구가 있으므로 be동사는 모두 과거를 쓴다. 따라서, you는 were, I는 was를 쓴다.

15 be동사 was 뒤에 not을 붙여 Marilyn Monroe wasn't a painter.로 문장을 완성한다.

16 과거시제로 의문문을 만들었으므로 대답도 과거가 되어야 한다. 따라서 주어 they를 그대로 사용하여 Yes, they were.나 No, they weren't.로 쓴다.

17 주어가 복수(Lisa and Susan)이고 과거이므로 be동사 were를 쓴다. Today 뒤에는 be동사 현재(are), 과거(were) 모두 가능하다.

18 대답문에 대명사 we를 사용했으므로 질문에는 너를 포함한 복수 주어가 있어야 한다. 따라서 ② Are you and Kevin ~?이 알맞다.

19 be동사(Are)를 문장 맨 앞에 써서 의문문을 만든다.

20 be동사(Is)를 문장 맨 앞에 써서 의문문을 만든다.

21 slow의 반대말인 fast를 썼으므로 대답은 부정(No, they aren't.)이어야 한다.

22 clean의 반대말인 dirty를 썼으므로 대답문은 부정(No, it isn't.)이어야 한다.

23 주어가 복수(my brother and I)이므로 ④의 be동사는 are를 써야 한다.

24 be동사(Is)를 문장 맨 앞으로 보내어 의문문을 만들고, be동사 바로 뒤에 not을 붙여 부정문(isn't)을 만든다.

A 1 isn't / is   2 isn't / is   3 was / is

B 1 he isn't / He is a dentist.
    2 they aren't / They are from England.

C 1 He is very smart.
    2 I was at Minsu's house yesterday.
    3 Brian was in Italy last year.

| 해설 |

A 1 의사가 아니므로 부정문(isn't)을 쓰고 메이크업 아티스트가 맞으므로 긍정의 be동사(is)를 쓴다. 2 태국이 아니므로 부정문(isn't)을 쓰고, 캐나다가 맞으므로 긍정문(is)을 쓴다. 3 작년에 29살이었으므로 be동사는 과거(was), 현재 30살이므로 현재(is)를 쓴다.

B 1 대명사 he를 쓰고 부정이므로 No, he isn't. He is a dentist.로 쓴다. 부정관사 a를 빼먹지 않도록 조심한다.
    2 주어가 복수이므로 대명사 they를 쓰고, 부정이므로 No, they aren't. They are from England.로 쓴다.

C 1 주어가 3인칭 단수이므로 be동사 is를 써서 He is very smart.로 문장을 완성한다. 2 주어가 I이고 과거를 나타내므로 I was at Minsu's house yesterday.로 문장을 완성한다. 3 주어가 3인칭 단수이고 작년(last year)이라는 과거를 나타내는 어구가 있으므로 be동사는 was를 써서 Brian was in Italy last year.가 된다.

모범답안

1 He isn't(=He's not) a pilot. / He is a police officer.
2 They[You, We] aren't doctors. / They[You, We] are nurses.
3 She isn't(=She's not) a lawyer. / She is a teacher.

모범답안

1 She is Yu-na Kim.
2 She is 20 years old.
3 She is a figure skater. 또는 Her job is a figure skater.
4 She is from Korea.

모범답안

1 Was Jason a soldier (10 years ago) / No, he wasn't. He was a singer.
2 Was Kelly a baseball player (10 years ago) / No, she wasn't. She was a soccer player.
3 Were Mina and Seo-yoon teachers (10 years ago) / No, they weren't. They were students.

Chapter 02 명사와 관사   p. 31~58

1-1 명사의 종류   p. 33

Challenge 1

01 C   02 C   03 U   04 U
05 C   06 U

Challenge 2

01 X / 물질명사   02 O / 보통명사   03 O / 집합명사
04 X / 추상명사   05 X / 물질명사   06 X / 고유명사
07 X / 추상명사   08 X / 물질명사   09 O / 집합명사

10 O / 보통명사

1-2 셀 수 있는 명사의 복수형 만들기   p. 35

Challenge 1

01 books   02 pencils   03 buses   04 dishes
05 benches   06 watches   07 dishes   08 potatoes
09 tomatoes   10 radios   11 kangaroos
12 flowers   13 babies   14 boys   15 knives
16 monkeys   17 countries   18 cities   19 toys
20 leaves

Challenge 2

01 (c)   02 (a)   03 (c)

1-3 불규칙으로 변하는 명사의 복수형   p. 37

Challenge 1

01 teeth   02 geese   03 feet   04 children
05 men   06 women   07 people   08 mice

Challenge 2

01 sheep   02 glasses   03 fish   04 deer

Challenge 3

01 two pairs of sneakers   02 a pair of glasses

1-4 셀 수 없는 명사를 세는 방법   p. 39

Challenge 1

01 two pieces of   02 a cup of
03 three pieces of   04 three sheets[pieces] of

Challenge 2

01 pieces   02 tea   03 loaves   04 bottle
05 tubes

1-5 명사의 격   p. 41

Challenge 1

01 girl's   02 Bob's   03 men's   04 Children's

Challenge 2

01 Julia's (dog)   02 Kathy's (bicycle)
03 Jessica's (house)   04 Sandra's (cake)

Challenge 3

01 the name of this town
02 the color of this coat
03 the top of the page

2-1 부정관사 a, an의 쓰임   p. 43

Challenge 1

01 an   02 an   03 an

04 a   05 a   06 an
07 an   08 a   09 an

Challenge 2

01 a   02 a   03 an   04 an
05 a   06 X   07 X

Challenge 3

01 ~마다   02 종족 전체   03 하나의
04 종족 전체

2-2 정관사 the의 쓰임 / 관사의 생략   p. 45

Challenge 1

01 a   02 X   03 the   04 the
05 the   06 X

Challenge 2

01 X   02 The   03 a / The   04 A / the
05 X   06 the   07 X   08 a

3-1 There is+단수 명사 / There are+복수 명사
p. 47

Challenge 1

01 There are many apples
02 There is some cheese
03 There is a cake

Challenge 2

01 How many roses are there in the vase?
02 How many books are there on the table?
03 How many rooms are there in your house?
04 How many teachers are there in the classroom?

이것이 시험에 출제되는 영문법이다!   p. 48

| Ex1 (c) | Ex2 (d) | Ex3 (c) | Ex4 (b) |
| Ex5 (b) | Ex6 (d) | Ex7 (b) | |

| 해설 |

Ex1 child의 복수형은 children으로 불규칙 변화한다.
Ex2 there are이므로 주어는 복수 명사를 써야 한다. 따라서
　　단수와 복수의 형태가 같은 sheep만 가능하다. 나머지는
　　단수 명사이므로 쓸 수 없다.
Ex3 MP3는 첫 소리가 모음이므로 부정관사 an을 쓴다. /

악기 앞에는 정관사 the를 쓴다.

Ex4 명사 friend에 's를 붙여 my friend's로 쓴다.

Ex5 항상 복수로 쓰이는 명사(pants)는 단위명사 pair를 써서 나타낸다. 바지가 두 벌이므로 two pairs of pants로 쓴다.

Ex6 조각을 나타내는 단위명사 piece를 쓰고 두 조각은 복수이므로 단위명사에 −s를 붙여 two pieces of pizza로 쓴다. 셀 수 없는 명사에 −s를 붙여 쓰지 않도록 주의한다.

Ex7 운동경기 앞에는 정관사 the를 쓰지 않지만 악기(violin) 앞에는 써야 한다.

기출 응용문제 　　　　　　　　　　p. 50

1 ⑤	2 ③	3 ②	4 ①
5 ①	6 ②	7 ⑤	8 ⑤

| 해설 |

1 Is there ~?로 물었기 때문에 there is로 대답한 ⑤가 알맞다.

2 box처럼 −x로 끝나는 단어는 −es를 붙여 복수(boxes)를 만든다.

3 운동경기 앞에 정관사 the를 쓰지 않는다.

4 There are~이므로 주어는 복수 명사가 와야 한다. mouse의 복수는 mice, child의 복수는 children, snow는 복수형을 쓰지 않는다. woman의 복수형은 women이다.

5 「How many ~ are there ~?」로 물었기 때문에 There are ~로 대답한다. 몇 사람이 있느냐는 질문에 ⑤나무가 많다는 대답은 어울리지 않는다.

6 소유격 앞에 부정관사 a를 쓰지 않는다.

7 '세 병'은 단위명사 bottle에 복수형 −s를 붙인 three bottles of가 알맞다.

8 처음에 언급한 명사 앞에는 a를 쓰고, 앞서 언급된 명사를 다시 말할 때는 정관사 the를 쓴다.

중간·기말고사 100점 100승 　　　　p. 52

1 ②	2 ③	3 ②	4 ④
5 ②	6 ④	7 ④	8 ①
9 ③	10 ladys → ladies		
11 wifes → wives		12 ④	
13 two hours a day		14 There are	
15 ④	16 two slices of pizza		
17 three bottles of coke		18 ④	
19 four cups[glasses] of orange juice			
20 ③	21 ④		

| 해설 |

1 tooth의 복수형은 불규칙 형태인 teeth를 쓴다.

2 mouse의 복수형도 불규칙 형태인 mice를 쓴다.

3 There is이므로 주어에는 단수 명사를 써야 한다. milk도 단수 명사이지만 앞에 부정관사 a를 붙일 수 없는 불가산 명사이기 때문에 쓸 수 없다.

4 egg, orange, interesting book은 모음으로 시작하므로 부정관사 an을 쓴다. university는 모음으로 시작하나 발음이 자음으로 시작하나 발음이 모음이므로 부정관사 an을 쓴다. hour는 자음으로 시작하나 발음이 모음이므로 부정관사 an을 쓴다.

5 복수 명사인 three geese를 쓴다. cat은 cats로, sheeps는 sheep으로 고치고, cow는 cows로, puppies는 복수이므로 앞에 부정관사 a를 쓰면 안 된다.

6 복수 명사 students 앞에 a 또는 an을 쓸 수 없다.

7 ④는 an으로 시작하므로 단수 명사를 써야 한다. 따라서 cars를 car로 바꿔야 한다.

8 go to the movies(영화 보러 가다)는 하나의 숙어이고, 세상에 하나밖에 없는 것 앞에는 the를 쓰며, 모음으로 시작하는 단수 명사 앞에는 an을 붙인다.

9 구름이 낀 날(cloudy day)은 총 9일이다. 따라서 eight cloudy days를 nine cloudy days로 바꿔야 한다.

10 lady의 −y를 지우고 −ies를 붙인다.

11 −fe로 끝나는 단어는 −ves를 붙인다.

12 처음 언급하는 명사 앞에 a를 붙이고 앞서 언급한 명사를 다시 말할 때 the를 붙인다. 이미 서로 알고 있는 대상을 가리킬 때 정관사 the를 쓴다.

13 '하루에 두 시간'은 two hours a day로 쓴다.

14 '있다, 존재하다'란 의미인 There be 구문을 쓴다. 주어가 복수(many old buildings)이므로 There are를 쓴다.

15 「How many+복수 명사」이므로 셀 수 없는 명사 money는 쓸 수 없다.

16 조각을 나타내는 단위명사 slice 또는 piece를 이용하여 two slices of pizza로 문장을 완성한다. 복수일 때는 단위명사에 −s를 붙인다.

17 병을 나타내는 단위명사 bottle을 이용하여 three bottles of coke로 문장을 완성한다. 복수일 때는 단위명사에 −s를 붙인다.

18 ④는 부정관사 a, 나머지는 모두 첫 소리가 모음이므로 부정관사 an을 쓴다.

19 단위명사 cup 또는 glass를 이용한다. 복수이므로 단위명사에 −s를 붙여 four cups[glasses] of orange juice로 문장을 완성한다.

20 운동경기, 식사 앞에 정관사 the를 쓰지 않는다.

21 Are there ~?로 물었으므로 there are로 대답한다.

중간·기말고사 평가대비 단답형 주관식 　　p. 55

A 1 The sky / the sun 　2 breakfast
　　3 soccer 　　　　　　4 the piano

B 1 a cup of water 　　2 three bottles of juice
　　3 two slices[pieces] of cheese

C There are many[a lot of] children

6

A 1 세상에 하나밖에 없는 것에는 정관사 the를 쓴다. 따라서 the sky, the sun이 된다. 2 식사 앞에 정관사를 쓰지 않는다. 3 운동경기 앞에 정관사를 쓰지 않는다. 4 악기 앞에는 정관사 the를 써서 the piano로 문장을 완성한다.

B 1 '한 잔의 물'은 a cup of water로 쓴다. 2 병이 세 개이므로 복수이다. 따라서 단위명사 bottle에 −s를 붙여 three bottles of juice로 쓴다. 3 두 조각이므로 복수형인 two slices[pieces] of cheese로 쓴다. 복수일 때는 셀 수 없는 명사에 −s를 붙이지 않고 단위명사에 −s를 붙인다.

C '있다, 존재하다'란 의미인 There be 구문을 이용한다. 주어가 '많은 어린이들'(many children)이므로 There are many[a lot of] children으로 문장을 완성한다.

실전 서술형 평가문제 A p. 56

모범답안

1 There is a doll on the bed.
2 There are three cushions on the sofa.
3 There is a cat under the table.
4 There is a pillow on the bed.
5 There are three balls on the floor.
  (There be 구문을 적절히 완성하였다면 정답 처리한다.)

실전 서술형 평가문제 B p. 57

모범답안

1 There is an apple.
2 There are two cups of water.
3 There are three pieces of pizza.
4 I[She] will buy three oranges.
5 I[She] will buy two bottles of milk.
6 I[She] will buy two sheets[pieces] of paper.
7 I[She] will buy two loaves of bread.

실전 서술형 평가문제 C p. 58

모범답안

1 How many men are there
2 How many bottles are there
3 How many cups are there

Chapter 03 대명사 p. 59~78

1-1 인칭대명사의 주격, 목적격 p. 61

Challenge 1

01 I 02 you 03 he 04 she
05 we 06 you 07 they 08 they
09 it 10 it

Challenge 2

01 It 02 her 03 them

Challenge 3

01 He is our teacher.
02 We study English at the same school.
03 She teaches us Japanese.
04 They are from China.

1-2 인칭대명사의 소유격 p. 63

Challenge 1

01 her 02 their 03 his 04 my

Challenge 2

01 his / his 02 her / hers 03 my / mine
04 our / ours 05 thier / theirs 06 Your / yours

1-3 지시대명사 p. 65

Challenge 1

01 This 02 Those 03 These 04 That

Challenge 2

01 Are those / they aren't / They are ice-skates.
02 Are these / they aren't / They are bicycles.
03 Is that / it isn't / It is a guitar.

Challenge 1

01 yourself　　02 myself　　03 themselves
04 herself　　05 himself

Challenge 2

01 It's dark in the room.
02 What time is it now?
03 How far is it to your house?
04 What day is it today?

Challenge 3

01 myself　　02 himself　　03 yourselves

이것이 시험에 출제되는 영문법이다!　　p. 68

Ex1 He / she / They　　Ex2 (d)　　Ex3 (b)
Ex4 (c)　　Ex5 (d)　　Ex6 my book
Ex7 themselves / ourselves
Ex8 Help yourself.

| 해설 |

Ex1 동사 앞에 올 수 있는 인칭대명사는 주격이다. 따라서, 그는 he, 그녀는 she, 그들은 they로 쓴다.

Ex2 be동사가 are이므로 주어에는 복수 명사 또는 대명사 You가 가능하다. 그러나 (d)my friend는 단수 명사이므로 어울리지 않는다.

Ex3 단수인 사물(Japanese food)을 대명사로 쓰면 it이 되고 앞서 언급된 복수 명사를 대명사로 쓰면 they가 된다.

Ex4 that car(저 차)에서 that은 명사를 앞에서 수식하는 지시형용사이고 (c)가 '저 연필'(that pencil)이란 뜻의 지시형용사로 쓰였다. 나머지는 모두 지시대명사이다.

Ex5 소유격 뒤에는 반드시 명사가 수반되어야 한다. 소유격만으로는 문장에서 어떤 역할도 할 수 없다. 그녀의 이름을 물어봤으므로 대답 또한 Her name is~로 한다.

Ex6 소유대명사는 앞서 언급된 「소유격＋명사」를 한 단어의 대명사로 바꾼 것으로, 소유대명사 mine은 my book으로 바꿀 수 있다.

Ex7 주어(volunteers)가 복수이므로 3인칭 재귀대명사의 복수형인 themselves를 쓰고 we의 재귀대명사인 ourselves를 쓴다.

Ex8 '마음껏 드세요.'는 재귀대명사를 이용하여 Help yourself.로 쓴다. 여기서 help는 '돕다'의 의미가 아니다.

기출 응용문제　　p. 70

1 ③	2 ④	3 ①	4 ⑤
5 ②	6 ④	7 ⑤	8 ②

| 해설 |

1 '너 자신'이란 의미로 동사의 동작이 주어에게 다시 돌아갈 때 재귀대명사를 쓴다. you의 재귀대명사인 yourself를 쓴다.

2 일상생활에서 누군가를 소개할 때 This is~를 쓰고, 앞서 언급된 a pair of shoes를 대명사로 쓸 때는 shoes가 항상 복수로 쓰이는 명사이기 때문에 지시대명사의 복수인 those로 쓸 수 있다.

3 '~의 차'라는 「소유격＋명사」의 의미이므로 소유대명사로 모두 쓸 수 있다. 하지만 her는 소유격이므로 소유대명사 hers 또는 her car를 써야 한다.

4 it's는 it is의 축약형이다. 따라서 '그것의 꼬리'에서 '그것의'는 it의 소유격인 its를 써야 한다.

5 날씨를 나타낼 때 비인칭 it을 쓰고, 앞서 언급된 사물 단수를 받을 때도 대명사 it을 쓴다. 따라서 공통으로 들어갈 말은 it이다.

6 소유격 your는 반드시 뒤에 명사가 있어야 한다. your culture로 쓰거나 한 단어의 소유대명사 yours로 써야 한다.

7 ⑤는 대명사 it, 나머지는 모두 비인칭 주어 it이다.

8 Mr. Kim을 소개하고 나서 대명사를 쓸 때에는 3인칭 단수이면서 남자를 지칭하는 He를 쓴다.

중간 · 기말고사 100점 100승　　p. 72

1 ①	2 ④	3 ①	4 ④
5 ③	6 ③	7 ②	
8 yourself	9 We	10 They	
11 His	12 Her	13 ④	14 his
15 themselves		16 ③	17 ①
18 ②	19 ④	20 ③	21 ③

| 해설 |

1 Scott은 남자 한 명을 가리키므로 He를 쓴다.

2 Paris는 사람이 아닌 대상이므로 It을 쓰고 My mom은 여자 한 명이므로 She를 쓴다.

3 누군가를 소개할 때 This is~를 쓴다.

4 your bicycle은 사물 단수이므로 It을 써서 대답한다.

5 books가 복수 명사이므로 지시대명사도 복수인 these 또는 those를 써야 한다.

6 부정대명사 one을 꾸며 주는 지시형용사로 쓰였다. ③이 movie를 꾸며 주는 지시형용사이고, 나머지는 모두 지시대명사이다.

7 '너의 엄마와 아빠'라는 의미이므로 your mom and dad로 쓴다.

8 '너 자신'을 뜻하는 재귀대명사 yourself를 쓴다.

9 나(I)를 포함하고 있으므로 We를 쓴다.

10 The magazines은 복수 명사이므로 They를 쓴다.

11 '남자의 집'이므로 소유격 His를 쓴다.

12 '여자의 발'이므로 소유격 Her를 쓴다.

13 ④는 대명사 it, 나머지는 비인칭 주어 it이다.

14 명사 cell phone이 있으므로 소유격인 his만 쓴다.

15 '그들 자신'이라는 뜻의 재귀대명사는 themselves를 쓴다. themself로 쓰지 않도록 주의한다.

16 소유를 물어보므로 It is him.은 쓸 수 없고 It is his.만 가능하다.

17 나를 포함하지 않은 Su-jin and Lisa이므로 대명사 they를 써야 한다.

18 her cell phone은 소유대명사를 이용하여 hers로 표현할 수 있다. his puppy는 소유대명사 his로 쓸 수 있다. his는 소유격과 소유대명사의 형태가 같다.

19 computers는 복수 주어이므로 themselves로 쓴다.

20 ① → myself ② → himself ④ → herself
⑤ → ourselves로 고쳐야 한다.

21 나머지는 동사 또는 전치사의 목적어로 쓰였고 ③은 주어의 행동을 강조하는 말로 쓰였으며 강조 용법은 생략할 수 있다.

중간 · 기말고사 평가대비 단답형 주관식   p. 75

A 1 theirs   2 his

B 1 I / She   2 He / she / They   3 I / We

C 1 wallet is his   2 doesn't like its design
   3 these your sneakers

D 1 introduce yourself
   2 helped themselves

| 해설 |

A 1 '그들의 것'은 소유대명사 theirs로 쓴다.
2 '그의 것'은 소유대명사 his를 쓴다.

B 1 나-I, 그녀-She   2 그-He, 그녀-she, 그들-They
3 나-I, 우리-We

C 1 '그의 것'이란 의미의 소유대명사 his를 써서 This wallet is his.로 문장을 완성한다. 2 '그것의'라는 소유격 its를 써서 She doesn't like its design.으로 문장을 완성한다. it is의 축약형인 it's를 쓰지 않도록 주의한다. 3 '이것은'이라는 지시대명사의 복수형 these를 쓰고 '너의 운동화'라는 의미의 your sneakers를 이용하여 Are these your sneakers?로 의문문을 완성한다.

D 1 '너 자신을 소개하라'는 의미이므로 introduce yourself를 쓴다. 2 '마음껏 먹다'란 의미의 표현은 help oneself이다. 주어가 복수이므로 themselves를 써야 한다.

실전 서술형 평가문제 A   p. 76

모범답안

1 It is his pencil. That pencil is his.

2 It is her digital camera. This digital camera is hers.

3 It is my cell phone. That cell phone is mine.

4 It is our book. This book is ours.

실전 서술형 평가문제 B   p. 77

모범답안

1 I picked up the trash by myself

2 he did it himself 또는 he did it by himself

3 he cut his hair for himself

4 herself told it to me

5 call him yourself

실전 서술형 평가문제 C   p. 78

모범답안

1 Her name is Tiffany. / She is in the bathroom. / She is twenty years old.

2 Their names are Kevin and Nancy. / They are in the park. / How old are they?

Chapter **04** 시제

1-1 일반동사의 3인칭 현재 단수형   p. 81

Challenge 1

01 walks   02 brush   03 watches   04 plays
05 finish   06 studies   07 have   08 tries
09 do   10 flies   11 wash

Challenge 2

01 Karen and Tom play computer games.
02 My dad watches DVDs.
03 Jane reads books every day.

1-2 일반동사의 과거형   p. 83

Challenge 1

01 finished   02 walked   03 stopped   04 played
05 liked   06 wanted   07 visited   08 cried
09 studied   10 enjoyed   11 dropped   12 arrived
13 invented   14 believed

Challenge 2

01 listened   02 stayed   03 talked   04 washed

1-3 불규칙으로 변하는 과거동사   p. 85

Challenge 1

01 bought – bought   02 went – gone
03 made – made   04 fell – fallen
05 found – found   06 grew – grown
07 ate – eaten   08 lost – lost
09 took – taken   10 thought – thought
11 saw – seen   12 hit – hit
13 read – read   14 began – begun
15 gave – given   16 slept – slept
17 had – had   18 met – met

Challenge 2

01 went to bed   02 did the laundry
03 found her shoes   04 began his work

1-4 일반동사의 부정문   p. 87

Challenge 1

01 I don't have a girlfriend.
02 He doesn't play basketball.
03 Lisa doesn't watch TV.
04 Kevin doesn't live in Seoul.
05 She doesn't study English hard.
06 This cell phone doesn't work.

Challenge 2

01 didn't play   02 didn't get up
03 didn't go   04 didn't eat

1-5 일반동사의 Yes/No 의문문   p. 89

Challenge 1

01 Did Karen[she] have a party yesterday?
02 Do you know Jane and Bob very well?
03 Does he have a lot of books?
04 Does it rain a lot in the summer?
05 Did they watch the movie on TV?
06 Did she take a tennis lesson yesterday morning?

Challenge 2

01 she didn't / She took a shower.
02 she doesn't / She brushes her teeth.
03 they didn't / They played basketball.

2-1 현재시제와 과거시제의 의미   p. 91

Challenge 1

01 moved   02 moves   03 played
04 discovered   05 ate

Challenge 2

01 walked   02 watches   03 rained   04 listened

Challenge 3

01 studies   02 talks   03 played   04 met

Challenge 1

01 seeing	02 playing	03 swimming
04 walking	05 stopping	06 sitting
07 writing	08 lying	09 making
10 waiting	11 doing	12 going
13 running	14 listening	

Challenge 2

01 is eating   02 are sitting
03 are waiting

Challenge 3

01 Is Kelly[she] learning yoga? / she isn't
02 Was she taking off her socks? / she wasn't
03 Was Dennis[he] painting the door? / he was
04 They aren't taking a walk in the park.

2-3 미래를 나타내는 시제   p. 95

Challenge 1

01 He will not(=won't) invite his friend. / Will he invite his friend? / he will
02 Peter is not(=isn't) going to read the books tomorrow. / Is Peter going to read the books tomorrow? / he isn't
03 She will not(=won't) take care of her younger sister. / Will she take care of her younger sister? / she won't
04 They are not going to eat a potato pizza. / Are they going to eat a potato pizza? / they are

Challenge 2

01 They're going to play tennis (this Saturday).
02 She's going to watch a horror movie (tonight).

2-4 미래를 나타내는 현재와 현재진행시제   p. 97

Challenge 1

01 begins at 2:00 tomorrow
02 My plane leaves at 7:00 tonight

Challenge 2

01 is reading a book

02 are going to the movie theater
03 is playing basketball

Challenge 3

01 do   02 did   03 stops   04 is

이것이 시험에 출제되는 영문법이다!   p. 98

Ex1 (c)	Ex2 (c)	Ex3 (c)	Ex4 (c)
Ex5 (a)	Ex6 (b)	Ex7 (a)	Ex8 (d)

| 해설 |

Ex1 study – studies, have – has, know – knows로 3인칭 단수형을 만든다.
Ex2 주어가 3인칭 단수(Karen)이므로 동사에 –(e)s를 붙여야 한다. 따라서, (c)는 take가 아니라 takes가 되어야 한다.
Ex3 last week라는 과거표시어구가 있으므로 동사도 과거시제를 써야 한다. go는 현재시제이다.
Ex4 적절한 대명사와 함께 do / does / did를 이용하여 답한다. Does로 질문하였으므로 Yes, she does. 또는 No, she doesn't.로 대답한다.
Ex5 지금 노래를 하고 있다는 말이다. 주어가 복수(birds)이므로 are singing을 쓴다.
Ex6 Last Saturday가 있으므로 빈칸의 시제는 모두 과거시제를 써야 한다.
Ex7 is going to라는 미래를 나타내는 시제가 있으므로 과거를 나타내는 부사(구)와 함께 쓸 수 없다. tonight만 가능하다. the day before yesterday는 '그저께(이틀 전)'를 의미한다.
Ex8 개인의 정해진 일정에 대해 물어보므로 be going to 또는 현재진행형으로 미래를 표현한다. 따라서 I'm meeting Alex.(나는 알렉스를 만날 거야)가 답이 될 수 있다.

기출 응용문제   p. 100

1 ②	2 ⑤	3 ⑤	4 ③
5 ④	6 She is picking up her pencil.		
7 They were having dinner.		8 ④	
9 ④			

| 해설 |

1 ②는 '지금 ~하고 있다'는 의미의 현재진행형이다.
2 주어가 복수(Kevin and Linda)이므로 don't를 쓴다.
3 동사가 3인칭 단수형인 goes이므로 주어는 3인칭 단수인 She만 쓸 수 있다.
4 「모음+y」는 동사 끝에 -s를 붙여 3인칭 단수형을 만든다.
5 영화가 지루하다고 했으므로 부정 대답인 No, I don't.가 알맞다.

6 주어가 3인칭 단수(She)이므로 is picking up으로 문장을 완성한다.

7 주어가 복수이면서 과거진행형을 써야 하므로 They were having dinner.로 문장을 완성한다.

8 주어 you에 대한 과거시제는 were, 주어 I에 대한 과거시제는 was를 쓴다.

9 현재진행시제로 미래의 정해진 일정을 나타내고 있다. 따라서 미래를 나타내는 next Sunday만 가능하다. 나머지는 모두 과거시제와 함께 쓰는 표현들이다.

1	④	2	④	3	②	4	④
5	bought	6	met	7	went	8	⑤
9	②			10	He is playing the guitar.		
11	She is reading an English book.						
12	Tom and Jane are going to the museum.						
13	① was ② missed			14	③	15	③
16	⑤			17	②	18	①	19	⑤
20	③			21	②	22	①
23	Are you going (to go) to the movies						

| 해설 |

1 write – wrote, go – went, fly – flied, visit – visited로 과거형을 만든다.

2 become의 과거형은 became을 쓴다.

3 「모음+y」는 끝에 -ed를 붙여 과거형을 만든다. enjoy는 enjoyed로 쓴다.

4 시제가 과거(played)이므로 next Friday라는 미래를 나타내는 어구는 쓸 수 없다.

5 buy의 과거는 bought이다.

6 meet의 과거는 met이다.

7 go의 과거는 went이다.

8 과거시제로 어제 무엇을 했는지를 묻는 질문에 과거진행형을 쓸 수 없다. 과거진행형은 과거의 어느 짧은 순간 동안 진행되고 있던 동작을 표현하기 때문이다.

9 '오늘 아침에 일찍 일어나지 못했다'라는 표현이므로 didn't get up을 쓴다.

10 주어가 3인칭 단수(He)이므로 is playing으로 문장을 완성한다.

11 주어가 3인칭 단수(She)이므로 is reading으로 문장을 완성한다.

12 주어가 복수(Tom and Jane)이므로 are going으로 문장을 완성한다.

13 last night이라는 과거표시어구가 있으므로 ①에는 was를 쓰고 ②는 앞뒤 문맥상 모두 과거시제이므로 missed가 알맞다.

14 '끔찍한 하루였다'라는 표현으로 terrible이 가장 알맞다.

15 아침마다(every morning)는 어제도, 오늘도, 앞으로도 행해질 행동이므로 현재시제 drinks를 쓴다. / 오늘 아침에 녹차를 마신 건 과거이므로 과거시제인 drank를, 쓴다.

16 ⑤는 미래의 정해진 일정을 나타내는 진행형이고 나머지는 모두 지금 하고 있는 일을 나타내는 현재진행형이다.

17 Yesterday에는 과거시제를, Tomorrow는 미래시제를 나타내는 will 또는 be going to로 표현해야 한다. ② Nancy is going to study Japanese (tomorrow).가 표 내용과 일치한다.

18 등위 접속사 앞에 있는 현재시제 gets up과 일치하여야 하고, 현재시제와 함께 every day는 매일 반복적으로 일어나는 행위를 나타내므로 빈칸에는 현재시제 picks를 써야 한다. 등위 접속사로 연결되어 주어가 생략되어 있고, 특히 주어가 she이므로 picks를 pick으로 쓰지 않도록 조심한다.

19 미래를 나타내더라도 시간의 부사절 when 안에서는 현재시제(get)로 미래를 나타낸다.

20 기차 시간, 영화 시간과 같이 정해진 일정에는 현재시제(leaves)로 미래를 나타낸다. 조건의 부사절도 현재(rains)를 써서 미래를 나타낸다.

21 I am going to the bank now.는 '지금 가고 있다'는 말로 현재를 나타낸다.

22 매일 6시에 저녁 식사를 하므로 현재시제인 has를 쓴다. 「have+breakfast / dinner」는 '아침 / 저녁을 먹다(eat)'의 의미이다. '파티하다'의 뜻으로는 have a party를 쓴다. 단, 주어가 모두 3인칭 단수이므로 have 대신 has를 써야 한다.

23 개인의 정해진 일정을 물을 때는 will 대신 be going to를 쓴다.

A 1 didn't go / went   2 didn't swim / got
    3 didn't ride / walked
B 1 was brushing   2 was listening
    3 was eating[having]

| 해설 |

A 1-3 일반동사의 과거 부정문은 동사 앞에 didn't를 쓰고 동사원형을 쓴다. go의 과거는 went, get의 과거는 got, walk의 과거는 walked를 쓴다.

B 1 주어가 3인칭 단수이고, 이를 닦고 있었으므로 was brushing을 쓴다.

   2 주어가 3인칭 단수이고, 음악을 듣고 있었으므로 was listening을 쓴다.

   3 주어가 3인칭 단수이고, 아침을 먹고 있었으므로 was eating[having]을 쓴다.

모범답안

1 went skateboarding
2 made model planes
3 updated her mini homepage
4 watches DVDs
5 reads a newspaper

모범답안

1 A: Is she sitting
   B: No, she isn't. She is walking.
2 A: Is the girl reading a magazine
   B: No, she isn't. She is reading a book.
3 A: Are they watching TV
   B: No, they aren't. They are watching a movie.

모범답안

1 No, she is going to read a book. 또는 she is going to stay at home. 또는 she is going to sit on the sofa.
2 She is doing the laundry.
3 She is watching a (horror) movie. 또는 She is going to the movie theater. 또는 She is going to the movies. 또는 She is meeting her friends.

Chapter 05 부정사 / 동명사   p. 109~134

1-1 주어와 보어로 쓰이는 to부정사   p. 111

Challenge 1

01 To learn
02 To get up
03 to collect
04 to become
05 To get

Challenge 2

01 It is important to tell the truth.
02 It is interesting to travel to new countries.
03 It is difficult to make money.

1-2 목적어로 쓰이는 to부정사   p. 113

Challenge 1

01 wants to see a horror movie
02 like to swim in the sea
03 hates to do his homework
04 wants to go on a trip to the beach
05 like to go to the beach

Challenge 2

01 how to ride
02 how to get
03 where to catch
04 what to say

1-3 형용사처럼 쓰이는 to부정사   p. 115

Challenge 1

01 to take
02 to unlock
03 to use
04 to learn
05 to read

Challenge 2

01 time to go
02 a pen to write with
03 something cold to drink

Challenge 3

01 It's time to study English.
02 It's time to go home.
03 It's time to do homework.

1-4 부사처럼 쓰이는 to부정사　　　p. 117

Challenge 1

01 부사　　　　　　　　02 명사
03 부사　　　　　　　　04 형용사

Challenge 2

01 to　　　　02 for　　　　03 for
04 to　　　　05 to　　　　06 for

Challenge 3

01 We were lucky to get tickets.
02 Bob went to a store to buy a pair of jeans.

1-5 too ~ to부정사 / enough to　　　p. 119

Challenge 1

01 too　　　　02 enough　　　03 enough
04 too'　　　 05 enough　　　06 enough

Challenge 2

01 My cat is too young to catch a mouse. / My cat is so young that it can't catch a mouse.
02 Jason is strong enough to carry the box. / Jason is so strong that he can carry the box.
03 Tommy is too sleepy to study. / Tommy is so sleepy that he can't study.

2-1 주어, 목적어, 보어로 쓰이는 동명사　　p. 121

Challenge 1

01 주어　　02 목적어　　03 목적어　　04 보어
05 보어　　06 목적어　　07 주어

Challenge 2

01 Learning / To learn
02 becoming / to become
03 talking / to talk

2-2 동명사를 목적어로 쓰는 동사 / 동명사 활용 표현　　　p. 123

Challenge 1

01 preparing / to do　　　02 traveling / to go

03 to go / raining　　　04 trying / to buy

Challenge 2

01 What[How] about buying some food?
02 What[How] about going to Kevin's birthday party?
03 What[How] about having a cup of coffee?

Challenge 3

01 go swimming　　　02 go skiing
03 going shopping　　04 going fishing

이것이 시험에 출제되는 영문법이다!　　　p. 124

Ex1 (d)	Ex2 (b)	Ex3 (c)	Ex4 (d)
Ex5 (b)	Ex6 (d)	Ex7 go swimming	
Ex8 (b)			

| 해설 |

Ex1 (d)의 to see는 '~하기 위하여'의 뜻으로 부사적 용법이고, 나머지는 모두 명사적 용법이다.
Ex2 가주어 It을 쓰고 진주어인 to부정사를 뒤로 보낸 것이다.
Ex3 「의문사+to부정사」를 쓸 수 있다. 여기서는 의미상 '어떻게' 가는지를 묻고 있으므로 「how+to부정사」가 알맞다.
Ex4 too ~ to는 「so ~ that+주어+can't/couldn't」를 쓴다. 시제가 과거이므로 couldn't를 쓴 (d)가 정답이다.
Ex5 「mind+V-ing」
Ex6 전치사 뒤에는 반드시 동명사(-ing)를 쓴다.
Ex7 「go+V-ing」는 '~하러 가다'의 뜻이다. 따라서 go swimming으로 문장을 완성한다.
Ex8 전치사 뒤에는 반드시 동명사(-ing)를 쓴다.

기출 응용문제　　　p. 126

1 ④	2 to drink	3 to write	4 to play
5 to listen	6 skiing	7 shopping	
8 ②	9 ①	10 ①	
11 time to cook		12 to	

| 해설 |

1 명사(roommate) 뒤에 위치한 부정사가 앞에 있는 명사를 수식하는 형용사적 용법이다. 명사 뒤에 있는 부정사는 ④이다.
2 '마실 것'은 something to drink로 표현한다.
3 '글씨를 쓸 펜'이란 의미로 명사 pen을 부정사 to write가 수식한다.
4 '컴퓨터 게임을 하기 위해'라는 의미의 부사적 용법으로 to play computer games로 쓴다.
5 '음악을 들을 수 있는(to listen to music) MP3 플레이어'라는 뜻이다.

6 go skiing(스키 타러 가다)

7 go shopping(쇼핑하러 가다)

8 동사 want는 동명사가 아니라 to부정사(to meet)를 목적어로 취한다.

9 regret는 목적어로 동명사를 쓴다. 동명사의 부정은 동명사 바로 앞에 not을 붙인다.

10 「something+형용사+to부정사」의 어순으로 쓴다.

11 time+to부정사

12 want의 목적어로 to부정사 / be going to+동사원형(~할 예정이다)

하는 것이므로 현재 또는 미래의 뜻을 담고 있는 부정사를 써야 한다.

15 「how to ride」로 써야 한다. 「how+동사」의 표현은 없다.

16 「too+형용사/부사+to부정사」로 문장을 완성한다.

17 「enough+to부정사」는 「so ~ that+주어+can/could」로 전환할 수 있다. 따라서 He is so smart that he can solve this problem.으로 쓴다.

18 「go+V-ing」를 쓴다.

중간 · 기말고사 100점 100승   p. 128

1	⑤	2	④	3	②	4	③
5	③	6	②	7	④		
8	We go skiing in winter.					9	④
10	③	11	⑤	12	②	13	③
14	④	15	③	16	④		
17	He is so smart that he can solve this problem.						
18	②						

| 해설 |

1 went의 목적을 나타내는 부정사 to buy를 쓴다.

2 '~하러 가다'의 의미로 「go+V-ing」를 쓴다.

3 ② to the city에서 to는 방향을 나타내는 전치사이다. 나머지는 모두 부정사의 to이다.

4 「형용사/부사+enough+to부정사」의 어순이므로 enough는 rich 뒤에 온다.

5 enjoy는 동명사만을 목적어로 가지는 동사이므로 enjoyed watching으로 쓴다.

6 전치사 of 뒤에는 명사 또는 동명사만이 가능하기 때문에 전치사 뒤에 동사(buy)를 쓸 수 없다.

7 전치사(without) 뒤에는 동명사를 써야 하므로 without saying으로 쓴다.

8 '~하러 가다'의 「go+V-ing」를 이용하여 We go skiing in winter.로 문장을 완성한다.

9 '~하기 위하여'란 의미의 목적을 나타내는 부사적 용법이다. '점심을 먹기 위해 피자헛에 갈 것이다'란 의미의 ④가 같은 부사적 용법이다.

10 '~하기 위하여'라는 부사적 용법의 to부정사를 쓴다.

11 ⑤는 '~하고 있다'의 진행형의 의미로 쓰인 현재분사이다. 나머지는 모두 동명사로 ①목적어, ②주어, ③보어, ④전치사의 목적어로 쓰였다.

12 나머지는 모두 가주어 it을 쓰고 진주어인 부정사를 뒤로 보낸 문장이고 ②는 가주어가 아닌 대명사 it이다.

13 등위접속사 and 앞과 뒤의 문장 성분(여기서는 동명사)이 같아야 한다. 따라서 playing soccer and collecting old stamps로 써야 한다.

14 plan은 목적어로 to부정사를 취한다. 앞으로 할 일을 계획

중간 · 기말고사 평가대비 단답형 주관식   p. 131

A   1 She enjoys visiting other countries.
     2 I logged on to check my e-mail.
     3 He was surprised to hear the news.

B   1 kept looking 또는 keeps looking
     2 mind closing   3 enjoy skiing

| 해설 |

A 1 enjoy는 목적어로 동명사만을 쓴다. 따라서 She enjoys visiting other countries.로 문장을 완성한다. 주어가 3인칭 단수(she)이므로 enjoys를 쓰는 것도 조심하자.

   2 '~하기 위하여'를 표현하기 위해 부정사를 동사 뒤에 놓는다. 따라서 I logged on to check my e-mail.로 문장을 완성한다.

   3 사람의 감정을 나타내는 말(surprised) 뒤에 부정사(to hear)를 쓰면 '~해서'(소식을 들어서)의 뜻을 나타낸다. 따라서 He was surprised to hear the news.로 문장을 완성한다.

B 1 '계속해서 ~하다'의 표현인 「keep+V-ing」를 쓴다.

   2 mind는 목적어로 동명사만을 취한다. 따라서 mind closing으로 문장을 완성한다.

   3 enjoy도 목적어로 동명사만을 취한다. 따라서 enjoy skiing으로 문장을 완성한다.

실전 서술형 평가문제 A   p. 132

모범답안

1 Climbing rocks is dangerous.

2 Jogging every day is good for your health.

3 Speaking English is not easy.

Chapter 06 조동사
p. 135~158

1-1 조동사의 의미와 형태
p. 137

Challenge 1

01 gets   02 get   03 studies   04 study
05 is   06 be   07 watches   08 watch

Challenge 2

01 He shouldn't meet her right now. / Should he meet her right now?
02 You can't use my cell phone. / Can I use your cell phone?

Challenge 3

01 can't   02 May

1-2 능력을 나타내는 조동사 can/could
p. 139

Challenge 1

01 be able to speak   02 can meet
03 be able to win   04 be able to finish

Challenge 2

01 Can you write with your left hand?
02 Could Sunny eat with chopsticks?
03 Can Tom play a musical instrument?

Challenge 3

01 couldn't   02 can't   03 couldn't
04 can   05 can't

1-3 추측과 허락의 조동사
p. 141

Challenge 1

01 He may win the race.
02 He may buy the car.
03 She may have an accident.

Challenge 2

01 허락   02 능력   03 허락   04 능력

Challenge 3

01 She must be tired.
02 He must be hungry.

1-4 정중한 부탁의 조동사
p. 143

Challenge 1

01 May   02 Can   03 Could   04 May

Challenge 2

01 you please pass me the salt
02 you please wash the car for me
03 you please answer the phone

1-5 필요, 의무를 나타내는 must와 have to
p. 145

Challenge 1

01 have to run   02 must be quiet
03 must not smoke

Challenge 2

01 You mustn't take
02 You must pay
03 You must return
04 You must leave
05 You must leave

1-6 충고의 조동사 should와 had better
p. 147

Challenge 1

01 should not eat so much
02 should not watch TV so much
03 should not work so hard
04 should not drive so fast

Challenge 2

01 He had better not walk. / He had better stay in bed.
02 She had better not hang out with friends every day.
03 She had better not eat lots of sweets. / She had better lose weight.

이것이 시험에 출제되는 영문법이다!
p. 148

Ex1 (d)	Ex2 (c)	Ex3 (d)	Ex4 (b)
Ex5 (c)	Ex6 (c)	Ex7 (b)	Ex8 (c)

| 해설 |

Ex1 동사원형(speak) 앞에 조동사 can을 쓴다. cans라는 조동사는 없다.

Ex2 couldn't는 과거이므로 wasn't able to로 바꿔 쓸 수 있다. 주어가 3인칭 단수이므로 were가 아닌 was를 쓴다.

Ex3 소개를 할 때 May I ~?로 쓴다.

Ex4 그 일을 꼭 하라는 강조의 의미를 나타낼 때 must를 쓴다.

Ex5 must be는 「must+동사원형」과는 의미가 다르다. 여기에 쓰인 must be는 어느 정도 논리적인 근거가 있는 '~임에 틀림없다'의 뜻이다.

Ex6 「had better not+동사원형」의 순서이다.

Ex7 '내가 ~해야 합니까?'라는 표현으로 Do I have to ~?를 쓴다.

Ex8 May의문문에 대한 대답으로 「Yes, 주어+may」 또는 「No, 주어+may not」을 쓸 수 있다.

기출 응용문제
p. 150

1 ②	2 ④	3 ②	4 ④
5 ①	6 ④	7 ④	8 ⑤

| 해설 |

1 단순히 미래를 예상하거나 예측할 때 be going to는 will로 바꿔 쓸 수 있다.

2 상대방에게 부탁하는 것이므로 you를 주어로 써야 한다. 따라서 ④는 틀리다. 명령문인 경우는 주어 you가 생략된 형태이므로 상대방에게 명령, 부탁하는 표현이 된다.

3 '~하는 게 좋겠다'의 뜻으로 충고나 조언할 때 had better 또는 should를 쓴다.

4 조동사 can 뒤에는 반드시 동사원형을 써야 하므로 speaks를 쓸 수 없다.

5 능력을 나타내는 can't를 쓴다.

6 '~임에 틀림없다'의 의미로 어떤 상황에 대한 논리적 근거에 입각한 강한 확신(95%)에는 must be를 쓴다.

7 상대방에게 정중한 부탁을 할 때 Can / May / Could I ~?를 쓴다. Might I ~?는 정중한 부탁의 표현으로는 쓰지 않는다.

8 그림을 보면 ⑤노인에게 친절해야 한다는 말이 가장 어울린다.

중간 · 기말고사 100점 100승
p. 152

1	don't	2	must	3	not	4	②
5	①	6	④	7	④	8	⑤
9	③	10	could				
11	You should be kind to old people.						
12	⑤	13	④	14	③	15	④
16	⑤	17	⑤	18	①	19	①
20	②						

| 해설 |

1 '~할 필요가 없다'의 뜻인 don't have to를 쓴다.

2 강한 금지를 나타내는 must not을 쓴다.

3 조동사 바로 뒤에 not을 붙여 부정문을 만든다.

4 미래를 나타내는 will을 쓸 수 있다.

5 cannot+동사원형

6 조동사인 must와 can은 함께 쓸 수 없다.

7 ④의 may는 추측의 의미를 나타내고 나머지는 모두 공손한 부탁이나 허락의 뜻을 나타내는 may이다.

8 '~해야 한다'의 표현으로 should가 가장 알맞다.

9 '~임에 틀림없다'의 의미로 must be를 쓴다.

10 can의 과거인 could를 쓴다.

11 kind는 형용사이므로 be동사의 원형인 be를 써서 You should be kind to old people.이 되어야 한다.

12 상대방의 부탁에 대한 대답으로 Yes, I must.는 어색하다.

13 상대방에게 공손한 부탁을 할 때 May / Can / Could I ~?를 쓸 수 있다. 따라서 can으로 바꿔 쓸 수 있다.

14 ③은 상대방에게 정중한 부탁을 하는 표현이고, 나머지는 모두 능력을 나타내는 can이다.

15 ④ must not은 '절대 ~해서는 안 된다'는 강한 부정의 뜻
이고, don't have to는 '~할 필요가 없다'는 의미이다.

16 have to는 '~해야 한다'의 강한 의무를 나타내며 must와
같은 의미이다.

17 「조동사+동사원형」을 써야 한다. 과거시제(understood)는
쓸 수 없다.

18 같이 가자는 말에 대해 거절하는 내용이므로 I'm sorry, I
can't.의 표현이 알맞다. Why not?은 '왜 안 되겠어?'라는
적극적인 동의의 표현이다.

19 강한 확신을 토대로 말을 하므로 must be를 써야 한다.

20 그녀는 배가 고플지 모른다는 추측의 내용이므로 조동사
may를 쓴다.

중간 · 기말고사 평가대비 단답형 주관식   p. 155

A 1 should do exercise
   2 shouldn't make a noise
   3 should take your umbrella
   4 should go to bed early

B 1 You have to take a school bus.
   2 You had better put on your raincoat.
   3 She must be tired.
   4 Lisa may be in the library.

| 해설 |

A 1 비만인 사람에게 should를 이용하여 '운동을 하는 게 좋겠
   다'(should do exercise)라고 충고해 줄 수 있다.

  2 도서관에서 할 수 있는 충고로 should not을 이용하여
   shouldn't make a noise로 문장을 완성한다.

  3 비가 오고 있으니 우산을 가져가라는 충고로 should take
   your umbrella로 문장을 완성한다.

  4 피곤해 보이는 사람에게 충고하는 말로 should go to bed
   early를 써서 충고의 문장을 완성한다.

B 1 「have to+동사원형」을 이용하여 You have to take a
   school bus.로 문장을 완성한다.

  2 '~하는 게 좋겠다'의 「had better+동사원형」을 이용하여
   You had better put on your raincoat.로 문장을 완성
   한다.

  3 강한 추측을 나타내는 말인 must be를 이용하여 She must
   be tired.로 문장을 완성한다.

  4 추측을 나타내는 「may+동사원형」을 이용하여 Lisa may
   be in the library.로 문장을 완성한다.

실전 서술형 평가문제 A   p. 156

모범답안

1 Can Karen ski well? / No, she can't.
2 Can Karen speak Korean? / Yes, she can.
3 Can Nancy ride a bicycle? / No, she can't.
4 Can Nancy ski well? / Yes, she can.
5 Can Nancy speak Korean? / Yes, she can.
6 Can Bob ride a bicycle? / Yes, he can.
7 Can Bob ski well? / Yes, he can.
8 Can Bob speak Korean? / No, he can't.

실전 서술형 평가문제 B   p. 157

모범답안

1 You must not eat food in the museum.
2 You must be quiet in the museum. 또는 You
   must not make a noise in the museum.
3 You must not use the phone in the museum.
4 You must not touch the paintings[pictures] in
   the museum.

실전 서술형 평가문제 C   p. 158

모범답안

1 You should study for the exam (tomorrow).
   또는 You shouldn't watch TV.
2 You should go to bed early. 또는 You shouldn't
   get up late. 또는 You shouldn't be late for school.
3 You should wash your hands. 또는 You should
   wash the vegetables.

Chapter 07 의문사

1-1 be동사와 함께 쓰는 의문사
p. 161

Challenge 1

01 Who is she?　　02 What is it?
03 Where are they?　04 How are they?

Challenge 2

01 Why are you late?
02 How is the weather in Daegu?
03 What is your favorite color?

1-2 일반동사와 함께 쓰는 의문사
p. 163

Challenge 1

01 When　　　02 Why　　　03 Where
04 Where　　05 When　　　06 Why

Challenge 2

01 Where does Sunny eat lunch
02 When(=What time) does the movie start?
03 Why do you study English?
04 Where do Kangaroos live?

1-3 진행형과 함께 쓰는 의문사
p. 165

Challenge 1

01 What is / He is swimming.
02 What is / She is playing tennis.

Challenge 2

01 Where are they going?
02 Why is Sandra taking an umbrella?
03 Who is Lucy talking to? / Who is talking to her father?

1-4 과거시제와 함께 쓰는 의문사
p. 167

Challenge 1

01 I bought some friuts.
02 He got the tickets from his brother.
03 She went to Germany last Saturday.

Challenge 2

01 When did you see her?
02 Where did you see her?
03 What did she read?
04 How did she look?

1-5 과거진행형과 함께 쓰는 의문사
p. 169

Challenge 1

01 What were you doing
02 Where were you going

Challenge 2

01 They[Kelly and Lisa] were jogging.
02 She[Sunny] was washing her car.

Challenge 3

01 Who broke the window?
02 What happened last night?
03 Who knows the answer?
04 What made you sick?

2-1 which, what, whose
p. 171

Challenge 1

01 Which　　02 What　　03 Which
04 What　　05 Which　　06 Which

Challenge 2

01 Whose ball is that? / Whose is that ball?
02 Whose shoes are those? / Whose are those shoes?
03 Whose hat is that? / Whose is that hat?

2-2 how+형용사/부사
p. 173

Challenge 1

01 much cheese　　02 many cities
03 much rice　　　04 many girls

Challenge 2

01 How tall is your brother?
02 How long is the river?
03 How far is it?
04 How far is the bus stop from here?
05 How often do you go to the movies?

이것이 시험에 출제되는 영문법이다! p. 174

Ex1 (b)   Ex2 (d)   Ex3 (c)   Ex4 (d)
Ex5 (b)   Ex6 Where is Judy sitting?
Ex7 (b)   Ex8 (c)

| 해설 |

Ex1 How much 뒤에는 셀 수 없는 명사 money를 써야 한다.
Ex2 '얼마나 많은'의 의미로, 셀 수 있는 명사(brothers or sisters)와 함께 쓸 수 있는 것은 How many이다.
Ex3 How often ~?은 어떤 일에 대한 빈도와 횟수를 묻는 의문문이므로 '일주일에 두 번'의 뜻인 Twice a week. 가 알맞다.
Ex4 because가 생략된 대답이다. 따라서 의문사 why를 쓴 (d)가 올바르다.
Ex5 선택 범위가 정해져 있지 않을 때는 의문사 which가 아닌 what을 쓴다.
Ex6 on the bench는 장소에 해당한다. 따라서 의문사 where를 이용하여 Where is Judy sitting?으로 질문을 완성한다.
Ex7 green tea는 셀 수 없는 명사이므로 how much를 쓴다. / '얼마나 오래 TV를 보니?'라는 질문이므로 How long ~?이 알맞다.
Ex8 나머지는 모두 how가 들어간 의문문이고 (c)는 '어디에서 왔니?'란 뜻으로 출신을 묻는 표현이므로 의문사 where를 쓴다.

기출 응용문제 p. 176

1 ②   2 ⑤   3 ⑤
4 How often   5 ⓒ   6 ⓐ
7 ⓑ   8 ⑤   9 What   10 ③
11 time do you go to school

| 해설 |

1 Where는 장소를 묻는 의문사이므로 To the grocery store. 가 알맞다.
2 When은 시간, 때를 묻는 의문사이므로 Every Wednesday and Friday.가 알맞다.
3 대답이 시간을 나타내므로 콘서트가 언제인지를 묻는 의문사 when을 쓴다.

4 빈도, 횟수를 물을 때는 How often ~?을 쓴다.
5 대답이 소유격이므로 Whose umbrella is this?가 알맞다.
6 정해진 선택 범위 중에 하나를 고른 대답이므로 Which food do you want, spaghetti or bibimbap?이 알맞다.
7 대답이 시간이므로 What time does the movie start?가 알맞다.
8 '어떻게'라고 방법을 물을 때는 의문사 how를 쓴다. 시제는 현재이므로 How do you go to school?이 알맞다.
9 직업을 묻는 표현이므로 의문사 what을 쓴다. / '너는(너의 아버지는) 어때?'란 표현으로 What about you?를 쓴다. 따라서 공통으로 들어갈 의문사는 what이다.
10 ③의 '무엇을 원하니?'에 대한 대답으로 '영화감독이 되고 싶다'는 말은 어색하다.
11 시간을 물을 때 when 또는 what time을 쓴다. what time을 이용하여 「What time+do+주어+동사원형 ~?」의 어순으로 What time do you go to school in the morning? 처럼 문장을 완성한다.

중간·기말고사 100점 100승 p. 178

1	①	2	③	3	③	4	Whose
5	④	6	②	7	②	8	①
9	(가) Where (나) How long			10	③		
11	⑤	12	③	13	③		

14 Who visited her?
15 Which do you prefer, tea or coffee?
16 What time did she come back home?

17	④	18	③	19	③	20	Who

21 reads a newspaper
22 What   23 Who

| 해설 |

1 '누군지'에 대한 대답이므로 의문사 who를 쓴다.
2 날짜를 물어보는 의문사는 when이다.
3 정해진 것 중 어느 하나를 물어보므로 의문사 which를 사용한다.
4 whose는 명사 없이 단독으로 대명사 역할을 할 수 있다. 소유대명사로서 '누구의 것'이라는 뜻이다. 따라서 Whose is this MP3 player?로 쓸 수 있다.
5 When은 시간을 묻는 말이므로 대답은 At 9 a.m.이 알맞다.
6 '제주도 여행은 어땠니?'에 대한 대답은 It was great.이 알맞다.
7 시간이 얼마나 걸리는지 물어보므로 how long ~?을 쓴다.
8 '누구의 책가방이니?'에 대한 대답으로 소유격 her를 단독으로 쓸 수 없다. hers 또는 her schoolbag으로 써야 한다.
9 장소를 물을 때는 where, '얼마나 오랫동안'의 의미로 기간이나 시간을 물을 때는 how long을 쓴다.
10 ③ A는 지하철이 아니고 자전거를 타고 학교에 다닌다.
11 '언제'인지를 물어볼 때는 의문사 when을 쓴다.

12 정해진 것을 물을 때는 which ~, A or B?로 쓴다.

13 ③ 정해진 것 중 하나를 고르는 의문문에서는 which를 쓰고 나머지는 모두 의문사 what을 쓴다.

14 의문사가 주어일 경우 「의문사＋동사 ~?」의 어순으로 쓴다.

15 Which ~, A or B?의 어순으로 쓴다.

16 「What time＋do(es) / did＋주어＋동사원형 ~?」의 어순으로 쓴다.

17 그가 하고 있는 것은 첼로 연주(playing the cello)이므로 이것을 묻는 의문문은 what을 이용한 표현이 알맞다.

18 in a restaurant는 장소를 나타내므로 의문사 where를 이용한 Where are they sitting?이 알맞다.

19 시간을 물어보므로 의문사 when 또는 what time을 쓰고, '무엇을 하는지?'를 묻는 말이므로 의문사 what을 쓴다.

20 '사람'을 물어볼 때 의문사 who를 쓴다.

21 서윤은 아침에 신문을 읽으므로 She reads a newspaper. 로 쓴다. 주어가 3인칭 단수 현재시제이므로 read를 reads 로 쓴다.

22 '무엇을 하는가?'라는 질문이므로 의문사 what을 쓴다.

23 '사람'을 물어볼 때 의문사 who를 쓴다.

중간·기말고사 평가대비 단답형 주관식 p. 181

A 1 How many roses are there in the vase?
  2 How much sugar do you need?
  3 How many students are there in the classroom?
  4 How much milk do you drink?

B 1 Whose ball is that?
  2 Whose cell phone is that?

C 1 Who is the student?
  2 Why is your father angry?
  3 How often does Tom brush his teeth?
  4 How long is your winter vacation?

| 해설 |

A 1 There is / are ~구문의 의문문인 Is / Are there ~?와 셀 수 있는 명사(roses)의 수를 물어보는 how many를 이용하여 How many are there ~?로 의문문을 만든다.
  2 셀 수 없는 명사(sugar)이므로 「How much＋명사(sugar) ＋do(es)＋주어＋동사?」로 의문문을 만든다.
  3 Are there ~의문문과 셀 수 있는 명사(students)의 수를 물어보는 how many를 이용하여 How many students are there ~?로 의문문을 만든다.
  4 셀 수 없는 명사(milk)이므로 「How much＋명사(milk)＋ do(es)＋주어＋동사?」로 의문문을 만든다.

B 1-2 whose는 who의 소유격으로 명사 앞에서 '누구의'라는 의미를 나타내거나, 명사 없이 단독으로 대명사 역할을 할 수 있다.

C 1-2 be동사가 있는 의문사 의문문은 「의문사＋be동사＋주어 ~?」로 쓴다.
  3 일반동사가 있는 의문사 의문문은 「의문사＋do(es)＋주어 ＋동사원형 ~?」으로 만든다.
  4 be동사가 있는 의문사 의문문은 「의문사＋be동사＋주어 ~?」로 쓴다.

실전 서술형 평가문제 A p. 182

모범답안

1 What is it?
2 Where are they?
3 How are they?
4 Whose car is it?
5 When is her birthday?

실전 서술형 평가문제 B p. 183

모범답안

1 How many eggs does he eat?
2 How many slices of bread does he eat?
3 How much butter and cheese does he put on the bread?
4 How many doughnuts does he eat?
5 How much coffee does he drink?
6 How much money does he spend on breakfast?

실전 서술형 평가문제 C p. 184

모범답안

1 How does Victoria go to school?
2 Where does Victoria eat lunch
3 Why does Victoria study Korean?
4 When[What time] does Victoria usually go to bed?

중학영문법 1-A

한국에서 유일한 중학영문법 알짜 2000제

 정답 및 해설